"互联网➕高中思想政治"
课堂教学模式的探究与实践

林　峰　主编

刘桂芳　副主编

北京燕山出版社
BEIJING YANSHAN PRESS

图书在版编目（CIP）数据

"互联网＋高中思想政治"课堂教学模式的探究与实践 / 林峰主编. — 北京：北京燕山出版社，2019.12

ISBN 978-7-5402-5566-4

Ⅰ.①互… Ⅱ.①林… Ⅲ.①高等学校—思想政治教育—研究—中国 Ⅳ.①G641

中国版本图书馆CIP数据核字（2019）第298294号

"互联网＋高中思想政治"课堂教学模式的探究与实践

主　　编　林　峰
责任编辑　满　懿
出版发行　北京燕山出版社
地　　址　北京市丰台区东铁匠营苇子坑138号C座
电　　话　010-65240430
邮　　编　100079
印　　刷　北京政采印刷服务有限公司
经　　销　新华书店
开　　本　170mm×240mm　16开
字　　数　266千字
印　　张　14.75
版　　次　2022年6月第1版
印　　次　2022年6月第1次印刷
定　　价　45.00元

编委会

  《国家中长期教育改革和发展规划纲要（2010—2020年）》指出："强化信息技术应用。提高教师应用信息技术水平，更新教学观念，改进教学方法，提高教学效果。鼓励学生利用信息手段主动学习、自主学习，增强运用信息技术分析解决问题能力。加快全民信息技术普及和应用。"

  2018年4月，教育部印发《教育信息化2.0行动计划》，其中指出"完善课程方案和课程标准，充实适应信息时代、智能时代发展需要的人工智能和编程课程内容"。教育部发布的《关于"十三五"期间全面深入推进教育信息化工作的指导意见》提出，鼓励中小学探索STEAM教育、创客教育等新教育模式，使学生具有较强的信息意识与创新意识，养成数字化学习习惯。

  《关于加强新时代中小学思想政治理论课教师队伍建设的意见》鼓励中小学思想政治课教师加强对学生成长规律和教学改革的研究，积极推进案例式、探究式、体验式、互动式等教学，树立教学改革标兵，激励教师聚焦育人实效，苦练内功。鼓励中小学思想政治课教师运用现代信息技术等手段，提升教学效果。

  随着信息技术的快速发展，网络教育成为国际教育竞争的焦点，网络学习成为人们交流、获取信息和知识创新的重要途径，成为人们学习的主要形式。"互联网+高中思想政治"课堂教学模式是以建构主义学习理论为依据，利用大数据、云计算、移动互联网等新一代信息技术打造，实现课前、课中、课后全过程教学应用的高效的、智慧的课堂。其实质是基于动态学习数据分析和"云、网、端"运用实现教学决策数据化、评价反馈即时化、交流互动立体化、资源推送智能化，创设有利于协作交流和意义建构、富有智慧的学习环境，通过智慧的教与学，促进全体学生实现符合个性化成长规律的智慧发展。

  "互联网+高中思想政治"课堂教学模式实现了动态开放的课堂，实现了课堂师生高效互动。借助信息技术和智能化的移动学习工具和应用支撑平台，使思想政治课课堂系统超越了时空限制。动态的信息互通交流，令教师与学生、学生与学生之间的课堂沟通与交流更加饱满，实现了更为开放的教室，更为开放的课堂活动。大量使用的网络时政热点，大量的数据等使教学资源更加丰富，学习贯彻党的十九大精神，增强了推动习近平新时代中国特色社会主义思想"进教材、进课堂、进学生头脑"的自觉性。在教育教学活动中要能够把握时政热点，紧扣时代脉搏，培养具有时代感、使命感的学生。

"互联网+高中思想政治"课堂教学模式有利于学生的个性化学习，促进了学生的合作探究学习。利用网络平台通过课前预习测评、课中随堂测验、课后微课辅导，以及小组协商讨论、合作探究等学习方式，形成学习共同体，帮助教师准确把握每个学生掌握知识的情况，实现对学生的个性化学习能力的评估，使教师关注每一位学生的成长，有针对性地制订教学方案和实施策略，促使学生加入课堂的讨论，使学生学会参与，学会协作。

"互联网+高中思想政治"课堂教学模式提升了教师的教学机智。利用云平台提供的学生信息，基于动态学习测评分析和即时反馈，依靠数据科学决策，教师可及时调整课前的教学设计，优化和改进课堂教学进程，构建有利于学生成长的引导性环境。

"互联网+高中思想政治"课堂教学模式改变了教学评价方式。基于人工智能核心技术，通过全场景过程性动态数据采集，挖掘数据价值，提升教师教学内容的精准性及学生自主学习的有效性，并支持家校互联，帮助家长实时了解学生学情，使教师及时调整教学策略。

广东省林峰名教师工作室在主持人林峰老师的带领下大胆进行课堂教学改革，在课堂中大胆创新，勇于实践，形成了许多优秀的教学设计，取得了富有借鉴意义的阶段性成果。工作室从思想政治课新课程的具体情境出发，立足于学生的发展需求，充分发挥新课程教学资源的实践价值，经过三年多时间的研究探索，总结了大量的实践经验，其中蕴含着工作室成员的智慧，希望广大教师能从这些案例中受到启发，结合本地本校的实际，创造性地开展教学实践工作，把高中新课程改革提高到新的水平。

通过"互联网+高中思想政治"课堂教学模式培养学生的核心素养，坚定学生的中国特色社会主义道路自信、理论自信、制度自信和文化自信。通过运用"互联网+高中思想政治"课堂教学模式，坚持立德树人，为中国特色社会主义事业培养更多德才兼备、全面发展的建设者和接班人。

目录

"互联网＋高中思想政治"
课堂教学模式的基本理论和基本方法

　　随着互联网科技的快速发展，网络教育成为国际教育竞争的焦点，网络学习成为人们交流、获取信息和知识创新的重要途径，成为人们学习的主要形式。据不完全统计，近年来有80%的高中生遇到学习问题都会求助网络，他们善于利用网络资源获取信息、提炼信息和处理信息。因此，如何把互联网作为教学手段运用到课堂教学中，以问题引导的形式，鼓励学生在教师的指导下进行网络自主学习、自主探究、合作交流，已成为我国深化课堂教学改革的重要课题。教育部和广东省教育厅为此颁发了一系列相关文件，为互联网课堂教育教学改革指明了方向，并提出了具体要求。广东省林峰名教师工作室成员在三年多的互联网高中思想政治课教学的实践探索中，发挥工作室的集体智慧，研究国内外互联网教育教学成果和经验，开展了"互联网+高中思想政治"课堂教学模式的探索，创立了"问题导入—自主学习—合作探究—点化升华—目标评价"的五环节课堂教学模式，提高了学生利用网络收集、甄别、整理、处理信息的能力和综合运用知识解决问题的能力，激发了学生学习的积极性、创造性与学习的动机和活力，同时，对学生社会主义核心价值观的引导具有重要的导向作用，提升了学生的核心素养。

一、"互联网+高中思想政治"五环节课堂教学模式简析

　　"互联网+高中思想政治"五环节课堂教学模式的第一环节"问题导入"主要是设计背景材料。从背景材料中引出与本课教学重难点密切联系的问题，引导学生通过网络平台收集、整理、提炼与问题有关的信息，并进行正确的甄别和表述，以独立思考分析为主，即自主学习阶段。自主学习的过程是自我归

纳、自我感悟、自我积累的过程。在自主学习的基础上，针对学生收集和甄别的有关问题的信息组织学生分组合作交流。可以网上交流，也可以在课堂上口头交流，通过网络整合的形式，把相同的意见或不同的意见呈现出来，组织各小组讨论，即合作探究。在合作探究的基础上，学生在交流过程中遇到疑难问题时，教师应及时引导，引出新的问题组织学生回答，在学生的意见不一致时，教师进行适当的点拨和提示，步步深化，循序渐进，即点化升华。点化的目的主要是解惑释疑和进行价值观的引导，以及思维的拓展，培养学生的创新思维和思维能力，在此基础上，组织学生相互评价。对于在信息的收集、提炼中出现的问题，根据问题设计课堂训练习题，组织学生进行网上学习，回答问题。然后再把这些问题延伸拓展应用，使课堂教学进一步延伸。主要内容如图1所示：

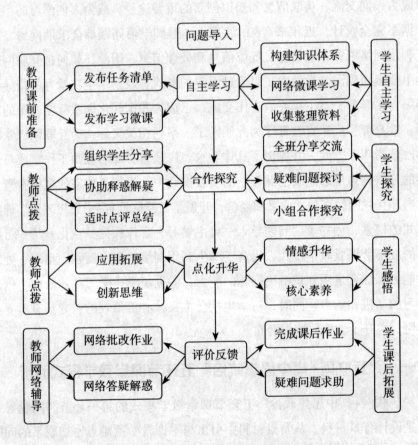

图1 "互联网+高中思想政治"五环节课堂教学模式图

"互联网+高中思想政治"五环节课堂教学模式由课堂探究学习和网络自主学习两部分构成，二者相辅相成，互为补充。课堂学习是学生在自主学习的基础上，通过课堂探究的方式对学习中的"三点"，即重点、难点和热点问题进行深化；自主学习是指学生依据教师的讲解、指导、考核与作业等要求，在网络上查阅资料、解答作业或进行相关考核。不管是课堂学习还是自主学习均以学生为主体，教师为主导，通过网络将教师与学生联系起来，无论是课堂上还是课堂外随时都可以进行多边互动。

二、利用互联网，发布学习任务单

教师根据三维目标的要求，培养学生的核心素养，根据学生实际情况，发布学习任务单，引入问题。课前网络学习流程如图2所示。

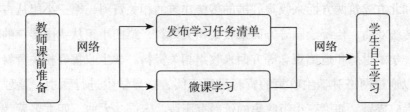

图2　课前网络学习流程图

如政治生活"民主决策"这一课在网络上给学生发布了三项任务：

（1）构建本节课的知识体系。

（2）学习微课"怎样的决策才是科学的决策"，帮助学生正确理解民主决策的意义。

（3）分小组在网络上收集整理科学决策和失败的决策的案例。

学生根据教师课前发布的自主学习任务清单，有针对性地进行课前网络学习，有利于提高自主学习的有效性。

三、利用网络资源，学生自主学习

网络上的资源纷繁复杂，学生收集的资料要么杂乱无章，要么单调重复，需要教师进行一定的指向和点拨。学生根据要求收集好资料，通过网络与教师和同学进行交流，对资源进行甄别、整理和处理。学生自主学习流程如图3所示。

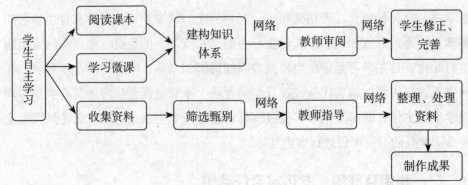

图3　学生自主学习流程图

在学习"传统文化的继承"这一课时，将学生分成4个学习小组。要求第一小组从传统节日、婚嫁和丧葬三方面来收集传统习俗资料，第二小组从南方建筑和北方建筑两方面来收集我国的传统建筑的相关资料，第三小组从古代文学、传统戏曲、传统绘画等方面来收集相关资料，第四小组从我国传统的理论观点、学术思想和道德观念等方面来收集相关资料。学生收集好相关资料，教师可以通过网络对学生收集的资料进行审阅，指导学生进行甄别、整理、处理，形成成果。如第三小组收集的资料有唐诗、宋词、元曲、四大名著，还有学生收集了许多瓷器图片……面对学生收集到的庞杂的资料，教师需要对学生进行指导分析，喜欢诗歌的学生筛选出有关"柳"的诗歌并进行配乐朗诵，制成音频，喜欢戏曲的学生进行戏曲串烧，喜欢绘画的学生收集名画制成PPT。学生制作的作品在课堂或网络上进行分享、交流。

教师指导学生课前进行资料的收集、筛选并制成作品，用于课堂和网络的交流，对于课堂教学能起到很好的铺垫作用。

四、利用云教室，组织多边合作探究

随着互联网应用技术的发展，学生的用网覆盖率大幅度提高，在线时长不断增加，这对学生的知识面拓展、学生的听课状态、教师的讲授内容等都产生了很大影响。"互联网+课堂教学"与传统课堂教学有显著区别。

（1）教师单纯的讲课时间明显减少。传统的教学模式易引起学生的逆反心理和学习倦怠，教学效果欠佳，因此需要教师用更多的课堂时间让师生之间、生生之间进行多边互动。

（2）教学内容适当删繁就简。传统课堂教学模式对教学内容要求完整，因此在课堂教学中出现了教师为完成教学任务而满堂灌的现象。"互联网+课堂教学"模式主要是学生在课堂上交流问题、探究问题、解决问题，进而使学生在多边互动中达成学习目标。

课堂探究是在学生自主学习的基础上进行的，主要由学生探究和教师点拨构成，教师只在难点、重点、关节点处做点拨提示即可。具体操作如图4所示。

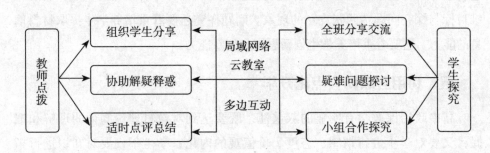

图4　课堂探究流程图

如"传统文化的继承"一课的教学重点是传统文化的特点，难点是怎样对待传统文化，热点问题有中华诗词大会、诗经热等，对于探究活动我们设置了三个环节。

（1）了解传统文化。本环节是在学生自主网络学习的基础上进行的。学生在收集、整理和处理资料的过程中对传统文化的继承有了一定的了解，因此，教师在课堂上可让每一小组推荐一个优秀的作品进行交流、展示、分享和评比。学生通过对传统文化的收集、整理、交流、分享和评比，对传统文化的表现、传承性以及两种不同的社会作用有了相当程度的理解，同时激发学生对优秀传统文化继承的自信和自觉。

（2）认识传统文化。本环节在学生网络自主学习的基础上设置了两个问题进行合作探究：①四幅图片（针灸、静脉注射、故宫、泰姬陵）哪些是传统文化，为什么？②请同学们从清明节的习俗谈谈我国传统文化的"变"与"不变"，清明节带给我们什么样的影响？学生通过对这两个问题的探究，既把握了传统文化的特点，又辩证分析了传统文化的作用，深化了学生对知识的把握。

（3）对待传统文化。本环节设置了一个问题——你是怎样看待中学生"读经"的？让学生进行网络讨论并得出结论。教师指导学生根据自己的爱好，组

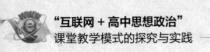

成不同的小组，以团队合作的形式开展课堂探究，同时通过云教室开展讨论、提出自己的观点，与他人交流，通过不同观点的碰撞以及对同一观点不同层次的理解来补充、修正、加深对当前问题的理解，完善已有的认知结构，从而深化对知识的理解和把握。

课堂多边探究环节是整个课堂教学的重中之重，也是将学生线上学习和线下学习结合起来的阵地，因此，该环节设置的问题需要切合学生的需要，让学生有话可说，有事可做。问题探究的设置要与三维目标有密切的联系，切忌三维目标与探究问题"两张皮"的现象。问题探究还要着重培养学生提取材料信息的能力，还要着重培养学生创新思维和创新能力。

五、利用互联网，点化升华

高中政治课教学有明显的双重性，既要达到对教材理论知识的理解和把握，又要对学生进行情感、态度、价值观的内化；学生不仅要对知识进行拓展，还要把握知识技能的获得和应用。因此，在提出问题、解决问题的基础上，要引导学生学会迁移，运用知识技能去解决现实生活中的重点、热点等实际问题。"互联网+高中思想政治"课堂教学模式通过丰富的知识背景和开放的学习环境，不仅可以提供多种获取知识的渠道，改善学生学习的方法，激发学生的学习兴趣，拓宽学生的知识面，而且可以通过网络拉近学生与社会现实的距离，更好地使其关注社会，增强社会责任感，使学校教育更加贴近社会现实，提升学生解决实际问题的能力。互联网云教学流程如图5所示。

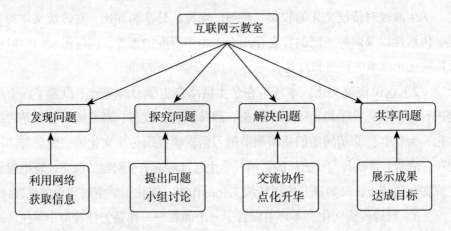

图5　互联网云教学流程

如文化生活第十课"加强思想道德建设"的学习重难点是,通过学习让学生树立社会主义核心价值观,引导学生学会迁移,运用知识技能去解决现实生活中的热点问题。

学生活动:在网上收集"好家风"的案例、"坏家风"的案例,说出"好家风""坏家风"对人的影响。分享或推荐分享自己家的家训,通过各种图片和文字信息等指出父母教会或期待你养成什么品质,希望你做一个什么样的人。(请同学发言)。

师生互动:在网上点评同学的自我分享或推荐分享。家风是家规的外在表现,家规是一个家庭的核心价值观。一个姓氏一个家,每个家族香火不断,延续的是历史,而沉淀的是价值观。分享教师自己的家训,指出父亲希望自己做人正直,这是家庭对个人的期待。如果很多家庭都希望自己的孩子正直,就蕴含了小家庭对大社会的期待,期待社会更加公正,期待国家更加公平。

探究结论:培养学生有意识地观察生活和家庭,从家风入手体验家庭文化;引导学生从父母角度思考,父母期待自己的孩子成为什么样的个人,期待在什么样的社会和国家生活,从而理解社会主义核心价值观三个层面的具体内容,引导学生树立社会主义核心价值观的意识。

点化升华:利用互联网大数据,结合社会热点将社会主义核心价值观这一抽象的理论知识转化为"父母教会或期待你养成什么品质,希望你做一个什么样的人"这一具体问题,有利于学生从熟悉的家庭体验中,发现其他同学类似的家庭要求和父母期待,共享体验,更好地理解社会主义核心价值观的基本内涵,增强对社会主义核心价值观的政治认同感,进而实现情感的升华。

六、利用云教育平台,进行目标评价

目标评价主要是课堂教学过程的评价,对参与课堂教学活动的个体和整体行为、状态、效果和目标等进行多元化、双向性、交互性的综合评价。利用网络平台进行教学目标评价,教师在网上发布作业,学生把作业上传提交,教师批改过的作业需要及时查看批改结果并且根据教师要求进行订正。查看错题集,系统会根据教师批改的结果自动生成错题集,学生也可以手动增加删减错题,错题集跟随学生账号,任意时间都可以调取学习。也可以在线上与其他同学交流做题,分享做题的乐趣。例如,《生活与哲学》的"系统优化"这个知识点，如果学生经常在这个知识点做错题，就可以发现学生的这个知识点并没有掌握好，教师也可以把出现错题多的教学内容或知识点及解题方法做成微课，供学生认真观看并学习。学生看完之后需要选择自己是否看懂，也可以在微课下留言。微课应可以离线下载，便于学生在任何时间地点都可以查看，利用碎片化的时间学习。互联网云教学下的师生行为如图6所示。

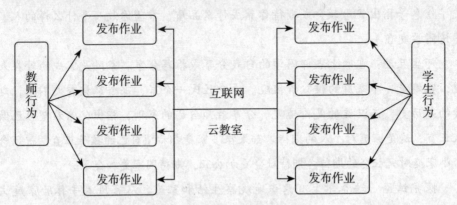

图6　互联网云教学下的师生行为

利用云教育作业平台进行动态过程性目标评价备受师生青睐。它既不改变"手写"的纸质作业方式，同时又融合了电子化作业的优势，实现了对学生预习试题、随堂测验和课后作业的动态评价，有效地减轻了教师批改作业的负担，又实现了即时的反馈，改变了备课与授课模式。

"问题导入—自主学习—合作探究—点化升华—目标评价"五个环节建构在生活的逻辑基础上，严密地反映了教材和课标的内在知识体系和结构及其逻辑性。它们是紧密相连、层层推进、步步深化、不可分割的课堂教学模式，体现了"互联网+课堂教学"模式的要求。通过课前网络准备、课中局域网合作探究、课后网络拓展将学生的线下与线上学习结合起来，既提高了学生学习的兴趣，又提高了政治课堂的学习效率；既拓宽了学生的视野，又提高了学生的情操；既落实了教学目标，又升华了学生的认知。充分利用"互联网+课堂教学"的优势既可以让教师教得轻松和快乐，也可以让学生学得轻松和快乐。"互联网+课堂教学"模式的探索与实践还在继续，创新永远在路上，请同行提出宝贵的意见。

"互联网＋高中思想政治"
课堂教学模式的优秀教学设计

≪≪ 经济生活 ≫≫

影响价格的因素

【教学目标】

1. 知识目标

识记价值量、社会必要劳动时间、劳动生产率、价值规律的基本含义，理解供给及需求变动对价格变动的影响、商品价格与价值的关系、价值量与劳动生产率的关系、价值规律的内容和表现形式。

2. 能力目标

懂得价格的变动是一种正常的经济现象，是市场发挥资源配置作用的表现；理解价格是围绕价值变动的，市场交易的本质和核心是等价交换。

3. 情感、态度与价值观目标

培养学生积极参与日常经济生活的自主性和独立精神，以及尊重他人劳动、平等待人的精神，积极践行社会主义核心价值观。

4. 核心素养目标

通过本课的学习培养学生：

（1）在日常经济活动中的积极参与精神。

（2）尊重他人劳动、平等待人的品质。

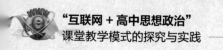

（3）积极践行社会主义核心价值观。

【教学重难点】

（1）教学重点：供求影响价格、价值决定价格、价值规律及其表现形式。

（2）教学难点：商品价值量必须由社会必要劳动时间决定、劳动生产率与价值量的关系。

【教学设想】

（1）利用"互联网+高中思想政治课"教学。

利用生活中最常见的生活必需品盐的有关材料，不断整合教育资源，提升学生的修养和素质，增强学生对社会主义核心价值观的认知与认同，使社会主义核心价值观内化于学生之心、外化于学生之行。

（2）以学生发展为本，以学科知识为支撑构建和谐课堂。

【教学方法】

在互联网环境下，利用平板电脑等终端设备展开教学，方法为启发与引导、讨论与交流、合作与探究。

【教学过程】

教学过程	教学内容	师生活动
学习任务	（1）微课推送：商品价值量必须由社会必要劳动时间决定、劳动生产率与价值量的关系，突破难点。 （2）布置学习任务：预习本课知识并构建本课的思维导图。 （3）读教材，回答以下问题： ①构建本框题的知识体系； ②完成本框题的学案。	课前教师在网上发布学习任务单：具体要求学生上网观看微课，然后教师布置学习任务，学生完成后在网上提交。 学生在课前上网观看视频和学习微课，阅读教材完成学习任务。 学生预习本课知识并构建本课的思维导图。

教学过程		教学内容	师生活动
新课导入		师：有这样一种商品，我们每天都必须要使用、食用它，它的味道有点咸，大家知道是什么吗？ 教师展示食盐图片，导入课题——影响价格的因素。 师：食盐作为一种特殊商品，经历了风风雨雨。今天我们就来说说食盐的那些事儿——看看食盐的前世今生。	引导学生利用网络收集食盐的历史知识，然后与同学分享。使学生感受经济生活的魅力。
自主探究	探究活动1	引导学生阅读材料"竹盐的故事" 材料：竹盐，是将日晒盐装入三年生的青竹中，以天然黄土封口，以松树为燃料，经1000℃～1500℃高温九次煅烧以后提炼出来的物质。唐宋时期，因极其复杂的工艺和非常讲究的选材，竹盐成了一种"奢侈品"。 探究活动1： 为什么竹盐在古代会被称为"奢侈品"？现在还是吗？ 归纳总结：商品价格与价值的定义及其关系。 （1）价值是凝结在商品中的无差别的人类劳动。价格是商品价值的货币表现。 （2）两者的联系： ① 价值决定价格：价值是价格的基础。 ② 价格是价值的货币表现：在其他条件不变的情况下，商品的价值量越大，价格越高；商品的价值量越小，价格越低（正比）。	学生阅读材料，分组讨论交流，形成答案并回答。通过平板电脑拍照的方式上传同屏给全班同学分享。同屏分享后学生自由起身回答。 根据学生的回答，师生一起适时进行知识归纳梳理。 学生根据前面所学内容，自己整理归纳原理和方法论。根据屏幕的展示，对比自己整理归纳的原理和方法论。 学生根据教师点拨进一步理解疑难点。 回忆商品价值、价格的含义。学生回答。

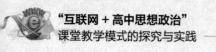

续表

教学过程		教学内容	师生活动
自主探究	探究活动2	同一商品有多个生产者，商品价值的大小到底由谁决定？ 教师展示四位生产者的劳动时间，让学生做选择。 教师归纳总结：商品的价值量不能由某一个生产者的个别劳动时间决定，而是由社会必要劳动时间决定。 教师讲解：社会必要劳动时间。	学生阅读材料，对照自己，形成答案并回答。 通过拍照的方式上传同屏给全班同学分享。 教师收集学生答案，电脑做出统计分析。 理解价值量的含义。 理解社会必要劳动时间的含义：在现有的社会正常的生产条件下，在社会平均的劳动熟练程度和劳动强度下，制造某种商品所需要的劳动时间。
	探究活动3	社会必要劳动时间、社会劳动生产率、个别劳动时间、个别劳动生产率、价值量、价值总量之间的关系。 教师归纳： （1）商品价值量是由社会必要劳动时间决定的，不是由个别劳动时间决定的。 （2）若其他因素不变，单位商品的价值量与生产该商品的社会劳动生产率成反比，而与个别劳动生产率无关。 （3）其他因素不变，同一劳动在同一时间内创造的商品价值总量与社会劳动生产率无关，而与个别劳动生产率成正比。 必须明确的几对关系 正比　社会必要劳动时间　无关 反比　社会劳动生产率 正比 单位商品价值量 × 商品数量 ＝ 价值总量 正比 无关　个别劳动生产率　正比 无关　个别劳动时间　反比　反比	学生自己构建知识体系，并与老师的和其他同学的比较后进行修改完善。 学生在平板电脑上分享各自的知识建构，教师点拨、分享。 学生在平板电脑上完成表格中的计算，找出内在规律。 教师收集学生答案，用电脑做出统计分析。 教师就学生错误较多的知识点进行重点讲解。

续 表

教学过程		教学内容	师生活动
自主探究	探究活动4	播放视频"国家放开食盐生产价格"。 材料：国家发改委宣布，自2017年1月1日起，放开食盐出厂、批发和零售价格，由企业根据生产经营成本、食盐品质、市场供求状况等因素自主确定。 （1）取消食盐限价之后，盐价会不会上涨？哪些因素会影响食盐价格的变动？ （2）市场上影响商品价格的因素很多，价格一般呈现什么样的变化？这种现象反映了什么样的本质？ ①归纳总结：供求影响价格。 供求关系影响价格主要表现为：供不应求，价格升高，处于卖方市场；供过于求，价格降低，处于买方市场。当供不应求时，购买者争相购买，销售者趁机提价，于是就出现"物以稀为贵"的现象（卖者起主导作用）。但是，当供过于求时，销售者竞相出售，购买者持币待购，于是出现"货多不值钱"的现象（买者起主导作用）。 ②归纳总结：价值规律的内容、表现形式。 商品的价值量由生产该商品的社会必要劳动时间决定，商品交换以价值量为基础实行等价交换，这就是价值规律的内容。体现了自由、平等、公正。 其表现形式为：商品价格受供求关系影响，围绕价值上下波动。 	学生阅读材料，对照自己的理解，形成答案并回答。通过拍照的方式上传同屏给全班同学分享。 学生探究后回答问题。 影响价格的间接因素和直接因素如下。 （1）间接因素：引起价格变动和差异的因素很多，如气候、时间、地域、生产条件、政策等，甚至宗教信仰、习俗等，文化因素也能产生影响。 （2）直接因素：各种因素对商品价格的影响，是通过改变该商品的供求关系来实现的。

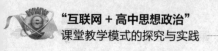

续 表

教学过程	教学内容	师生活动
自我升华	物多则贱，寡则贵，散则轻，聚则重。 ——《管子·国蓄》 物之贵贱，系于钱之多少；钱之多少，在于官之盈缩。 ——陆贽《均节赋税恤百姓第二》	教师以文言文的形式总结升华，激起学生的学习兴趣，培养学生的传统文化素养。

评价反馈

（一）教学评价

（1）（2018年高考全国卷I.12）根据马克思的劳动价值理论，如果生产某种商品的社会劳动生产率提高，在其他条件不变的情况下，与生产该商品相关的判断见下表。

序号	社会必要劳动时间	单位商品价值	商品数量	商品价值总量
①	缩短	降低	增加	不变
②	缩短	降低	增加	增加
③	不变	增加	降低	不变
④	不变	降低	增加	增加

其中正确的是（A）。

A.① B.② C.③ D.④

（2）（2018年高考海南卷.2）甲是市场上的一种畅销品。随着技术发展，作为甲的替代品且性价比更高的乙商品面世。若其他条件不变，下列图示中正确反映甲的价格变动的是（A）。

师生活动栏：

1. 学生通过平板电脑上传自己的答案。

参考答案：

（1）A

（2）A

2. 教师根据学生上传的答案，即时了解学生答案的准确率，讲评绝大多数的错题。还可发送类似的题继续训练，直至这个知识点过关为止。

学生通过平板电脑上传答案，教师选择学生的答案进行点评、纠错。

续 表

教学过程	教学内容	师生活动
评价反馈	 **（二）教学反馈** 本堂课的内容比较难，利用生活中最常见的生活必需品盐的有关材料，不断整合教育资源，提升学生的修养和素质，而且学生也比较感兴趣。可以先让学生课外上网查阅相关资料后再讲解，一来学生可以比较轻松地掌握知识，二来可以扩大学生的知识面。	

（王为文）

价格变动的影响（一）

【教学目标】

1. 知识目标

（1）懂得商品价格与商品需求量之间的一般规律。

（2）知道不同商品的需求量对价格变动的反应程度是不同的。

（3）了解相关商品的价格变动对商品需求的影响。

（4）了解替代品与互补品的含义。

（5）理解商品价格变动对生产的影响。

2. 能力目标

（1）能够分析商品价格变化如何影响消费者需求的生产者供给。

（2）能够运用商品价格变动影响消费者需求的有关理论，分析相关生活现象以及解决实际生活问题。

（3）能初步根据商品价格变动对生产经营的影响，对企业的生产经营决策提出合理建议。

3. 情感、态度与价值观目标

以科学的态度认识价格变动对生活、生产的影响，增强参与经济生活的自主性。

4. 核心素养目标

通过本课的学习培养学生科学认识经济生活的科学精神，树立依法参与经济生活的法治意识。

【课程标准的基本要求】

理解价格变动的意义，评述商品和服务价格的变化对我们生活的影响。

【教学重难点】

（1）教学重点：价格变动对生活消费的影响，价格变动对生产经营的影响。

（2）教学难点：价格变动对消费和生产的影响。

【教学设想】

本课以高中新课程的基本理念为依据，以建构主义理论为教学指导思想，以多媒体为辅助教学手段，创设情境、设置议题、师生共同探究。

本课的"价格变动的影响"的有关知识涉及比较多的时政热点知识，网络资源特别丰富，因此采用"互联网+"的教学模式。

1. 课前准备

（1）学生预习本课知识并构建知识网络，将其上传至作业平台。

（2）上网收集有关价格变动影响生活和生产的相关资料。

2. 课堂教学

通过"新课导入—自主学习—自主探究—自我升华"四个环节，将学生课前收集到的资料在课堂上展示出来，对学生收集的资料进行整理和归纳，将零散的知识条理化和系统化。

3. 课后巩固

通过课后练习和三维训练，进行巩固和升华，继续构建知识网络，培养学生获取资料、提取信息和整理信息的能力。

【教学方法】

以议题式教学法、情境教学法、讨论式教学法、探究式教学法为主。

【学习任务】

微课推送相关重点知识；发布任务：学生通过网络收集资料，调查价格变动是如何影响生活和生产的；构建本课的知识结构图。

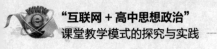

【教学过程】

教学过程	教学内容	学生活动
新课导入	视频导入：2019年1月14日至4月26日，我国燃油市场出现了"七次上涨、一次下跌、一次搁浅调整"的情况，9次油价调整涨跌互抵后，累计上调汽油价格875元/吨，柴油价格860元/吨。换算成升油价大概上涨0.66元/升～0.79元/升。4月25日，我市多家加油站门口排起了加油的长队，4月26日油价上调以后，在加油站等加油的车辆明显减少。 价格变动会影响生活和生产，这是本节课要研究的问题。	油价调整是生活中比较常见的经济现象，通过视频导入激发学生兴趣，引发学生思考。
自主学习检验	1.（2018年高考全国卷I.14）我国快递业竞争日趋激烈，快递服务平均单价连续6年下滑，2017年降至12.37元。在此背景下，若其他条件不变，能引起快递市场供给曲线从S移动到S'（见下图）的是（B）。 ①放宽市场准入，吸引外商投资 ②工资成本上涨，管理费用增加 ③运用人工智能，提高劳动效率 ④网民人数上升，网购数量增加 A.①②　　B.①③　　C.②④　　D.③④ 2.薄利多销是企业常用的一种竞争手段，要做到这一点（D）。 A.该企业产品的需求量对价格变动的反应程度小 B.这类产品的替代品很少 C.与产品替代品的多少无关 D.该企业产品的需求弹性大 3.需求法则是指商品需求量随其价格上升而下降，随其价格下降而上升的一般规律。但生活中有时东西越贵越有人买，如进口奶粉纷纷涨价，仍然出现家长们抢购的现象。这表明此时（B）。 A.需求法则不起作用 B.处于卖方市场 C.处于买方市场 D.进口奶粉的价值上升	通过设置问题，检验学生课前预习的成效。

续 表

教学过程		教学内容	学生活动
自主探究	探究活动1	汽油价格上调之前，加油站加油的汽车排长队，上调以后，加油站等加油的汽车明显减少，这说明了什么？	设置情境，通过情境问题，让学生探究相关问题：汽油价格变动对生活的影响。得出结论1：（需求法则）商品价格与需求量反方向变动。用数形结合图表示就是需求曲线。
	探究活动2	汽油价格上涨，还是有人开车去加油站加油，但并不会导致加油的人急剧减少，这说明了什么？汽油、粮食、食盐等生活必需品价格上涨（下跌）与黄金、黄金饰品、汽车、液晶电视等高档耐用品价格的大幅度上升（下降）对该商品购买量的影响程度一样吗？	设置情境，通过情境问题得出结论2：不同商品的需求量对价格变动的反应程度是不同的。
	探究活动3	2018年下半年，我国的燃油价格连续6连跌，买燃油车的人增加。2019年1月份至5月份，我国燃油价格连续7次上调，随之而来的是，买燃油车的人减少，买新能源汽车的人增多。这体现了什么经济学道理？近期想买车的朋友是买燃油车还是买新能源汽车？为什么？	设置情境，通过情境问题让学生探究相关问题：既定商品（互补品、互为替代品）的价格变动会引起相关商品的需求量的变化。
自我升华		本节内容讲述了价格变动对生活、生产的影响情况。既影响着每个消费者的消费，也影响企业和社会。 我们活在世上不是为了自己而向生活索取什么，而是试图使别人生活得更幸福。 ——奥斯勃	总结和归纳本课知识。

教学过程	教学内容	学生活动
评价 反馈	**（一）单项选择题** 1. 珠海公交下调公交车车票价格，乘坐公交车的人次增加，能够正确反映这一变化的图形是（A）。 图1 2. 图2为甲商品价格P变动后，相关商品乙、丙的需求量Q相应变化的情况。请判断商品乙、丙分别是甲商品的（B）。 图2 A. 互补品　替代品　　　　B. 替代品　互补品 C. 替代品　生活必需品　　D. 互补品　高档用品 3. （2018年高考江苏卷.11）最低工资制度旨在保护低收入劳动者的合法权益，因此最低工资应高于劳动力市场供需平衡时的工资水平。2017年，我国有22个地区提高了最低工资标准。在其他条件不变的情况下，图3中（P代表劳动力价格，Q代表劳动力数量，D、S分别代表需求曲线和供给曲线，P_1、P_2分别表示变化前后的劳动力价格）能正确反映这一变化的是（A）。 图3	通过课后作业巩固所学知识。 参考答案： 1. A 2. B 3. A 4. D 5. D

续 表

教学过程	教学内容	学生活动
评价反馈	4. 当两商品的价格 P 均从 P_1 同幅下降到 P_2 时，对于需求量 Q 的变化，有如下判断： 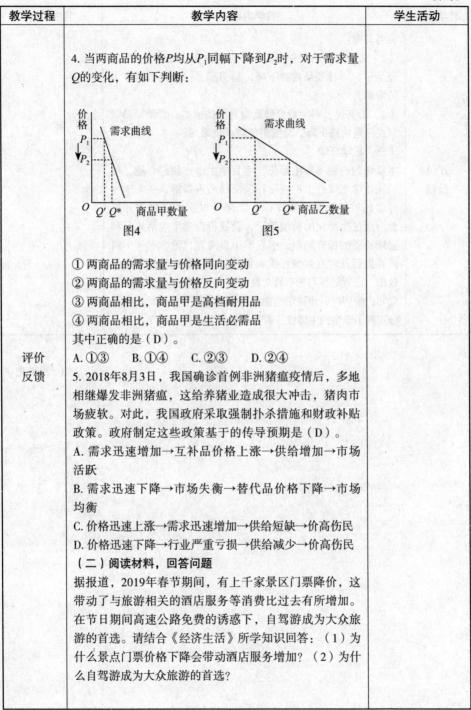 ① 两商品的需求量与价格同向变动 ② 两商品的需求量与价格反向变动 ③ 两商品相比，商品甲是高档耐用品 ④ 两商品相比，商品甲是生活必需品 其中正确的是（D）。 A.①③　　B.①④　　C.②③　　D.②④ 5. 2018年8月3日，我国确诊首例非洲猪瘟疫情后，多地相继爆发非洲猪瘟，这给养猪业造成很大冲击，猪肉市场疲软。对此，我国政府采取强制扑杀措施和财政补贴政策。政府制定这些政策基于的传导预期是（D）。 A. 需求迅速增加→互补品价格上涨→供给增加→市场活跃 B. 需求迅速下降→市场失衡→替代品价格下降→市场均衡 C. 价格迅速上涨→需求迅速增加→供给短缺→价高伤民 D. 价格迅速下降→行业严重亏损→供给减少→价高伤民 （二）阅读材料，回答问题 据报道，2019年春节期间，有上千家景区门票降价，这带动了与旅游相关的酒店服务等消费比过去有所增加。在节日期间高速公路免费的诱惑下，自驾游成为大众旅游的首选。请结合《经济生活》所学知识回答：（1）为什么景点门票价格下降会带动酒店服务增加？（2）为什么自驾游成为大众旅游的首选？	

续 表

教学过程	教学内容	学生活动
评价 反馈	参考答案： （1）旅游与酒店服务存在一定程度的互补关系。在互补商品中，一种商品价格下降，会引起另一种商品需求量的增加。 （2）①高速公路免费会降低自驾游的成本；②游览参观景点门票价格下降，对旅游的需求会增加。 （三）教学反馈 本堂课的内容非常生活化，而且学生也比较感兴趣，可以先让学生课外上网查阅相关资料后再讲解，一来学生可以比较轻松地掌握知识，二来可以扩大学生的知识面。通过生活化的情境教学，设置符合学生生活实际和思维特点的探究问题，引发学生思考和讨论，对学生的回答进行及时有效的点拨和提升，取得了比较好的教学效果。设置的练习题有针对性和梯度，在促进学生掌握基础知识的同时，也使学生能力得到提升。整个教学过程充分发挥了学生的主体性，着重培养学生的核心素养。	

（徐积先）

价格变动的影响（二）

【教学目标】

1. 知识目标

（1）生活必需品与高档耐用消费品、相互替代品与互补商品的概念及其相互区别。

（2）理解价格变动对不同类型商品需求量的影响是不同的。

（3）理解价格变动对生产两方面的影响。

2. 能力目标

（1）提高学生分析问题、解决问题的能力，能简要叙述价格变动对生活和生产的影响。

（2）培养学生在日常生活中形成对价格的敏感性，让学生利用所学知识参加社会实践。

3. 情感、态度与价值观目标

培养学生的竞争意识，激发学生学习的积极性，提高自身素质，适应激烈的社会竞争。

4. 核心素养目标

（1）能够运用图表和数学函数知识表达事物之间的联系，培养学生的科学精神。

（2）能够运用商品价格变动影响消费者需求的有关理论，分析相关生活现象以及解决实际生活问题；能够利用商品价格变动对生产经营的影响，对企业的生产经营提出合理化建议；培养创新意识和公共参与核心素养。

（3）以科学的态度分析价值规律的作用，培育"加快完善社会主义市场经济体制"的政治认同的核心素养，增强制度自信。

【教学重难点】

（1）教学重点：价格变动对生活、生产经营的影响。

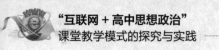

（2）教学难点：①不同商品的需求弹性不同；②价格变动对生产经营的影响。

【教学设想】

本节课的教学以高中新课程的基本理念为依据，通过设计一系列的学生活动来完成教学内容的讲授，让学生主动参与教学活动，真正成为教学的主体。整节课的设计都贯穿着情感教育，教师通过提供丰富的材料，创设真实的情境让学生积极主动地参与学习，形成师生互动的教学氛围，从而达到教师的教与学生的学的心灵的碰撞，使学生在自主获取知识的同时提高学习的积极性，提高自身的素质，增强竞争意识，进而培养学生的科学精神、创新意识和公共参与的核心素养以及政治认同的核心素养，增强制度自信，培养学生的爱国情怀。

【教学方法】

在互联网环境下，利用平板电脑等终端设备通过情境导入法、活动探究法、集体讨论法、情感升华法等开展教学。

【教学过程】

教学过程	教学内容	师生活动
学习任务	（1）观看视频《疯狂的水果》。 （2）读教材，回答以下问题： ①构建本框题的知识体系； ②完成本框题的学案。	课前教师在网上发布学习任务清单，学生上网观看视频，然后教师布置学习任务，学生完成后在网上提交。 学生在课前上网观看视频，阅读教材完成学习任务。
新课导入	教师：同学们，在上课之前我们先来做一个小实验。我这儿有三斤苹果，我打算以100元卖给你们，有同学想要吗？想要的同学请举手。 学生：…… 教师：那么60元呢？有同学要吗？ 学生：……	通过课前小实验和课前安排的任务（学生课前在网上观看相关视频和阅读教材），集中学生注意力，激发学生学习的激情与兴趣，有效引入课堂教学内容。

续 表

教学过程		教学内容	师生活动
新课导入		教师：其实老师三斤苹果的成本价是18元，低于18元，老师是不会卖的，否则，老师就亏了。 教师过渡：从同学们刚才的表现，我发现在生活中我们总会受到价格变动的影响。这就是我们今天学习的内容——价格变动的影响（板书）。同学们翻到课本P15，预习一下P15～P16的内容	
自主合作探究	探究活动1	**价格变动对生活消费的影响** 情境一：学校超市门口（刘海和同学毛发从超市买东西出来） 刘海：饮料涨价了，以前3元/瓶，现在涨到5元/瓶了。 毛发：方便面也涨了，康师傅碗面又贵了1块。 刘海：有什么办法呢，以后少吃点零食吧。 毛发：哎，也只能这样了，否则这个月的生活费可能要不够了…… 教师设问：结合情境，谈谈价格的变动对消费有何影响。 教师点评、归纳知识点。 情境二：菜场门口（阿杰妈买了许多东西，有米、油、肉、鱼、鸡蛋等，在菜场门口碰上开车行的小李） 小李：买那么多东西呀，现在都很贵吧？ 阿杰妈：是比以前贵了很多，但家人的营养要保证，再贵也要买的。 小李：那是。对了，你上次不是说家里要买车吗？我店里新款宝来非常漂亮。 阿杰妈：现在油价这么贵，买得起也养不起呀。过一两年再说，先买电动车凑合骑一骑吧。 小李：唉，大家都像你这么想，难怪我们店里生意老这么清淡。 教师设问： （1）为什么大米、油、鸡蛋再贵也要买，而原定的买车计划却更改了？ （2）阿杰妈不买汽车改买电动车，这两种商品是什么关系？一方的价格变动时，对相关商品的需求量有什么影响？ （3）汽油价格猛涨使小李车行生意清淡。汽油和车这两种商品又是什么关系？一方的价格变动时，对相关商品的需求量有什么影响？	利用平板电脑展示情境，学生即时上传答案。 刘海和毛发在超市买东西的案例贴近学生实际，形象生动地引出了价格与需求的关系。价格对需求的一般影响（反向变化）：当价格上涨时，人们的需求量减少；当价格下降时，人们的需求量增加。 学生上传答案，教师能马上根据答案寻找出学生答题出现的问题，及时纠正。 通过设置情境二引出价格变动对不同商品（生活必需品和高档耐用品）、相关商品（互补品和替代品）的影响，由浅入深，层层递进。 通过分层设问，引导学生深入思考，培养学生综合分析能力和合作探究能力，突破难点。 通过教师启发、学生讨论，让学生懂得理论必须联系生活实际，科学精神离不开实践。

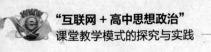

续　表

教学过程		教学内容	师生活动
自主合作探究	探究活动2	**价格变动对生产经营的影响** 情境三：某年大蒜价格暴涨，农户纷纷种植大蒜。可是好景不长，第二年市场出现严重的供过于求，大蒜价格呈断崖式下跌。同期玉米价格较高，蒜农纷纷改种玉米，大幅减少大蒜种植面积，后来大蒜又供不应求，价格迅速上涨。 教师设问： （1）大蒜价格的涨落是怎样影响蒜农生产活动的？ （2）如果想在竞争中脱颖而出，蒜农应该怎么办？ 学生回答。 教师总结：引导学生理解价值规律的作用。	学生阅读材料，分组讨论交流，形成答案并回答。通过平板电脑拍照的方式上传同屏给全班同学分享。同屏分享后学生自由起身回答。 根据学生的回答，师生一起适时进行知识归纳梳理。 学生根据教师点拨进一步理解疑难点。 **1. 调节产量** 供不应求，价格上涨→扩大生产规模，增加产量；供过于求，价格下跌→压缩生产规模，减少产量。 **2. 调节生产要素的投入** 某种生产要素价格上涨，减少使用量；某种生产要素价格下降，增加使用量。 降低生产成本（为自己提供降价空间，在竞争中更具优势）。 通过大蒜价格的涨落，引导学生热爱生活，了解生活，将教材所学与生活实际有机结合，提高参与能力，培养学生公共参与的核心素养。
	自我升华	**1. 价格变动对生活消费的影响** （1）商品本身价格的变动会引起需求量的变动。 （2）价格变动对不同商品需求量影响不同（生活必需品、高档耐用品）。	学生自己构建知识体系，并与老师和其他同学的比较后进行修改完善。学生在平板电脑上分享各自的知识建构，教师点拨、分享。

教学过程	教学内容	师生活动
自我 升华	（3）相关商品价格变动对商品需求量的影响：互为替代品，互补商品。 **2.价格变动对生产经营的影响** （1）调节产量。 （2）调节生产要素的投入。 （3）价值规律发生作用。	学生阅读材料，形成答案并回答。通过拍照的方式上传同屏给全班同学分享。
评价 反馈	**（一）教学评价** 1.在每题给出的四个选项中，只有一项是最符合题意的。 （1）现代人对食品安全的要求越来越高，无污染、无化肥农药残留的有机蔬菜、水果赢得更多市民喜欢。这些有机蔬菜、水果在超市的价格要比普通蔬菜、水果高出许多，但是销路依然很好。这意味着（D）。 ①有机蔬菜、水果的品质好决定其价格高 ②有机蔬菜、水果的价值量比普通蔬菜、水果大 ③有机蔬菜、水果的需求大决定其价格 ④有机蔬菜、水果的种植生产规模可能会扩大 A.①③　　B.②③　　C.①④　　D.②④ （2）甲与乙是互补商品，甲商品具有需求弹性。假定甲的价格下降，其他条件不变，则乙的需求变动图是（C）。 （3）需求弹性曲线是反映不同商品价格变动后引起需求量变化的曲线。下图是A、B两种商品需求曲线（P代表价格，Q代表需求，D_1是A商品需求曲线，D_2是B商品需求曲线）。下列对A、B商品描述正确的是（B）。	1.学生在平板电脑上传自己的答案。 参考答案： （1）D （2）C （3）B （4）A （5）答案：①价值决定价格，社会必要劳动时间决定商品价值量的大小。华为重视科技进步和创新，能够提高企业的劳动生产率，降低生产成本，使产品具有更大的利润空间和更明显的价格优势，从而提升企业的竞争力。

教学过程	教学内容	师生活动
评价反馈	①A商品价格的波动必然引起B商品价格的波动 ②A商品需求量的变化必然引起B商品需求量的变化 ③A商品一般是用于满足人们日常生活需求的必需品 ④B商品一般是用于满足人们较高层次需求的高档耐用品 A.①②　　B.③④　　C.①③　　D.②④ （4）随着LED市场竞争的日趋激烈，LED照明品牌各大厂均调整产品线以求稳定获利，逐渐加速转向汽车照明、植物照明、VULED、智能照明等市场。下列对LED发展路径的推导正确的是（A）。 A.供给过剩—杀价竞争激烈—产品升级换代—消费回升 B.产品升级换代—生产观念转变—竞争放缓—消费回升 C.调整生产规模—价格稳定—科技创新—消费回升 D.竞争激烈—产品升级换代—价格稳定—消费回升 2.简答题。 阅读下列材料回答下列问题。 （5）2018年8月29日，全国工商联在辽宁沈阳发布了2018年民营企业500强报告。华为投资控股有限公司以营收总额6036.21亿元排名第一。深圳华为集团自1988年创立以来，始终坚持"死死抓住核心技术"的经营理念，专注于通信设备的生产和研究。初期的华为以"更低的成本、更快的效率"获得了价格优势。而当手机市场上"网络低价"和"山寨低价"泛滥的时候，华为又以"自主芯片"和"设计感"将品牌导向高端市场。这一系列的转型成功，得益于华为在研发投入和创新上的布局，也使华为成为唯一能与苹果、三星抗衡的中国智能手机品牌。 结合材料，运用多变的价格的相关知识，阐述华为重视研发投入和创新的原因。	② 价格变动影响企业的生产，引导企业调节生产要素的投入。面对市场的低价竞争，华为将资本转投于核心技术的研发、高端产品的设计、高端产品的塑造上，以高科技含量的新产品和符合市场需求的新设计成功打开了智能手机的高端市场，从而在全球智能手机市场中赢得了一席之地。 2 教师根据学生上传的答案，即时了解学生答案的准确率，讲评绝大多数的错题，还可发送类似的题继续训练，直至这个知识点过关为止。 学生通过平板电脑上传答案，教师选择学生的答案进行点评、纠错。

教学过程	教学内容	师生活动
评价 反馈	（二）教学反馈 本堂课的内容比较浅显而且学生也比较感兴趣，可以先让学生课外上网查阅相关资料后再讲解，一来学生可以比较轻松地掌握知识，二来可以扩大学生的知识面。	教师课后在线上帮学生批改作业。

（王大志）

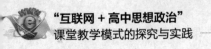
发展生产　满足消费

【教学目标】

1. 知识目标

（1）理解生产与消费的辩证关系。

（2）了解社会主义初级阶段的主要矛盾。

（3）懂得发展的意义。

（4）了解我国的中心工作。

（5）了解解放和发展生产力是社会主义的本质要求。

（6）了解全面深化改革的根本原因。

2. 能力目标

（1）通过对生产与消费辩证关系的学习，初步培养学生的辩证思维能力。

（2）准确理解生产在社会经济中的决定性作用，从而培养正确认识我国当前为什么要坚持以经济建设为中心的洞察力。

3. 情感、态度与价值观目标

深刻领会物质资料的生产是人类社会赖以存在和发展的基础。

4. 核心素养

从实际出发，领悟社会主义理论的正确性和指导性作用，坚持党的领导，提升政治认同感；提高学生的公共参与意识，认识到国家发展须靠每一个人，尤其是青年学生——祖国未来的接班人，激发爱国情感。

【教学重难点】

（1）教学重点：生产与消费的辩证关系，解放和发展生产力是社会主义的本质要求。

（2）教学难点：社会生产总过程各环节之间的关系。

【教学设想】

以建构主义理论为教学指导思想，以"互联网+"和多媒体为辅助教学手段，创设情境、设置议题、师生共同探究。

网络资源特别丰富，因此采用"互联网+"的教学模式。

1. 课前准备

（1）学生预习本课知识并构建知识网络，上传作业。

（2）上网收集有关本课的相关资料。

2. 课堂教学

通过"新课导入—自主学习—自主探究—自我升华"四个环节，将学生课前收集到的资料在课堂上展示出来，对学生收集的资料进行整理和归纳，将零散的知识条理化和系统化。第一部分由教师和学生分别讲述不同年代消费的亲身经历，让学生感悟生产决定消费；第二部分通过国庆十一假期的视频播放，以及设置的几个问题，让学生理解生产决定消费，消费反作用于生产；第三部分探究生产与消费在社会再生产中处于什么地位；第四部分引用十九大报告关于社会主要矛盾的新论断（人民日益增长的美好生活需要同不平衡不充分的发展之间的矛盾）引出要发展生产力，从理论上提出大力发展生产力的必要性和措施，然后由理论到实际，分析广东省珠海市斗门区发展乡村旅游的优势和劣势，并积极建言献策；第五部分情感升华，师生一起朗诵梁启超的《少年中国说》。教学中，学生阅读教材、学案，进行归纳、探究等，教师辅以一定的讲授和多媒体展示，适时练习归纳和总结，提高学生的政治认同感，培养学生的公共参与意识，提高思想政治学科核心素养。

3. 课后巩固

通过课后练习和三维训练，进行巩固和升华，继续构建知识网络，培养学生获取资料、提取信息和整理信息的能力。

【教学方法】

在互联网环境下，利用平板电脑等终端设备，采用情境教学法、活动探究法等开展教学。

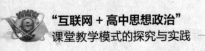
【教学过程】

教学过程	教学内容	师生活动
学习任务	利用互联网，在课前发布预习任务单。 观看微课：从改革开放初期到现在，消费品的发展变化历程。 回答问题： （1）生产与消费的辩证关系是什么？ （2）我国社会主义初级阶段的主要矛盾是什么？ （3）我国当前的中心工作是什么？ （4）为什么解放和发展生产力是社会主义的本质要求？ （5）全面深化改革的根本原因是什么？ 构建本课的知识结构图。	教师课前在网上发布学习任务清单，要求学生看微课并完成相关问题。
新课导入	标题：那些年，我们买过的…… 师生（"80"后与"00"后）共同回忆儿时的消费情形，通过不同年代的消费对比让学生感悟生产决定消费的观点。	利用改革开放40多年来的消费品变化，和学生一起分享。
自主学习检验	根据材料设置问题并按要求回答。 1. 目前，"上班路上刷微博，相互沟通用微信"已成为相当多人的生活方式，移动互联网发展正在成为个人信息消费的全新载体，拉动着信息消费的增长。这说明（B）。 ①生产决定消费的方式 ②消费促进产业结构的升级换代 ③信息消费将成为新的经济增长点 ④消费对生产具有导向作用 A.①②　　B.①③　　C.②④　　D.③④ 2. 人们把我国实施菜篮子工程的成功经验概括为要想填满"菜篮子"，必须搞好"菜园子"和"菜摊子"。这表明（C）。 A.满足消费必须发展生产 B.生产与消费不可分割，二者相互起决定作用 C.生产、交换、消费是再生产中相互联系的重要环节 D.分配与交换是连接生产与消费的桥梁与纽带	学生讨论后回答相关问题。

续 表

教学过程		教学内容	师生活动
自主探究	探究活动1：生产决定消费	观看视频（2019年春节期间消费情况）。 材料展示：2019年2月10日，据文化和旅游部消息，综合各地文化和旅游部门、通信运营商、线上旅行服务商的数据，经中国旅游研究院（文化和旅游部数据中心）综合测算，2019年春节假期，全国旅游接待总人数4.15亿人次，同比增长7.6%；实现旅游收入5139亿元，同比增长8.2%。 小组合作学习，并探究其具体表现。 下列现象体现了生产决定消费的哪些具体表现？ （1）古代皇帝能像我们一样乘飞机、高铁等外出游玩吗？为什么？ （2）现在旅游可以刷脸入园，免去排长队、取票等烦琐手续，这说明什么？ （3）假如时光倒流，你愿意回到20世纪的70年代或者80年代吗？为什么？ （4）有了机器人自动取餐和自动洗碗，消费者都想亲自体验，满足好奇心，说明什么问题？	学生回答后，归纳知识点：生产决定消费。 （1）生产决定消费的对象。（强调消费什么，消费对象从无到有） （2）生产决定消费的方式。（强调怎样消费，消费内容不变，形式发生改变） （3）生产决定消费的质量和水平。（强调消费得怎么样） （4）生产为消费创造动力。
	探究活动2：消费对生产具有反作用	下列现象体现了消费反作用于生产的什么具体表现？ （1）2019年春节假期，全国旅游接待总人数4.15亿人次，同比增长7.6%；实现旅游收入5139亿元，反映消费的什么作用？ （2）春节期间，很多人旅游选择自驾游，传统汽车消费会带动哪些新行业的出现？目前，国家倡导新能源汽车消费，汽车行业要如何做调整？ （3）人们为什么要进行吃、穿、用以及各种精神层面的消费？ （4）国家和生产性企业都希望产品快速售罄，原因是什么？	学生探究后，归纳知识点：消费反作用于生产。 （1）消费对生产有重要的反作用，消费拉动经济增长，促进生产发展。 （2）目的：生产出来的产品被消费了，这种产品的生产过程才算最终完成。 （3）调节：消费所形成的新的需要对生产的调整和升级起着导向作用。 （4）动力：一个新的消费热点的出现，往往能带动一个产业的出现和成长。

续 表

教学过程		教学内容	师生活动
自主探究	探究活动2：消费对生产具有反作用		（5）创造新的劳动力：消费为生产创造出新的劳动力，能提高劳动力的质量，提高劳动者的生产积极性。
	探究活动3：生产与消费在社会再生产中的地位	任何社会都需要生产过程的不断重复和更新，就是社会再生产。社会再生产包括哪些环节？	学生思考后回答：社会再生产包括生产、分配、交换、消费四个环节。生产是决定环节，消费是最终的目的和动力，分配和交换是桥梁和纽带。其中，要增强消费对经济发展的基础性作用。
	探究活动4：大力发展生产力	党的十九大提出，当前我国社会的主要矛盾是人民日益增长的美好生活需要与不平衡不充分的发展之间的矛盾，要实施乡村振兴战略。 请学生观看视频（斗门发展乡村旅游的前景与劣势）并思考： （1）为什么要大力发展乡村旅游，促进经济发展？ （2）分析斗门发展乡村旅游的优势和劣势，并为其发展积极出谋划策。	学生探究后，归纳知识点：大力发展生产力。 **1. 必要性** （1）解放和发展社会生产力是社会主义的本质要求。 （2）发展是解决我国一切问题的基础和关键。 （3）实现中华民族伟大复兴的中国梦是不断提高人民生活水平的要求，是党执政兴国的第一要务。 **2. 措施** （1）必须把发展作为党执政兴国的第一要务。 （2）坚持以经济建设为中心。 （3）提高劳动者素质。 （4）积极推动科技进步。 （5）全面深化改革。

续 表

教学过程	教学内容	师生活动
自我 升华	《少年中国说（节选）》——梁启超 故今日之责任，不在他人，而全在我少年。少年智则国智，少年富则国富；少年强则国强，少年独立则国独立；少年自由则国自由；少年进步则国进步；少年胜于欧洲，则国胜于欧洲；少年雄于地球，则国雄于地球。红日初升，其道大光。河出伏流，一泻汪洋。潜龙腾渊，鳞爪飞扬。乳虎啸谷，百兽震惶。鹰隼试翼，风尘翕张。奇花初胎，矞矞皇皇。干将发硎，有作其芒。天戴其苍，地履其黄。纵有千古，横有八荒。前途似海，来日方长。美哉我少年中国，与天不老！壮哉我中国少年，与国无疆！	自我升华，提高学生的情感、态度与价值观和公共参与能力。
评价 反馈	**（一）选择题** 1.（2018年高考海南卷.5）图1反映某服装生产企业基于"互联网+"的智能定制生产模式。与传统"设计—生产—门店销售"的模式相比，该生产模式的优势在于（B）。 图1 ① 减少从生产到消费的环节，加速商品流通 ② 以线上替代门店，提升消费者的消费体验 ③ 既有批量生产的规模效应，又能满足消费者个性化需求 ④ 促进企业生产从劳动密集型向资本密集型转变 A.①②　　B.①③　　C.②④　　D.③④ 2.（2019年汉中模拟）今年上半年，我国虽受中美经贸战的不利影响，但经济仍然实现了提质增效，持续增长。上半年"三驾马车"对我国经济增长的贡献率（%）如图2所示。这启示我们要（A）。	

续 表

教学过程	教学内容	师生活动
评价反馈	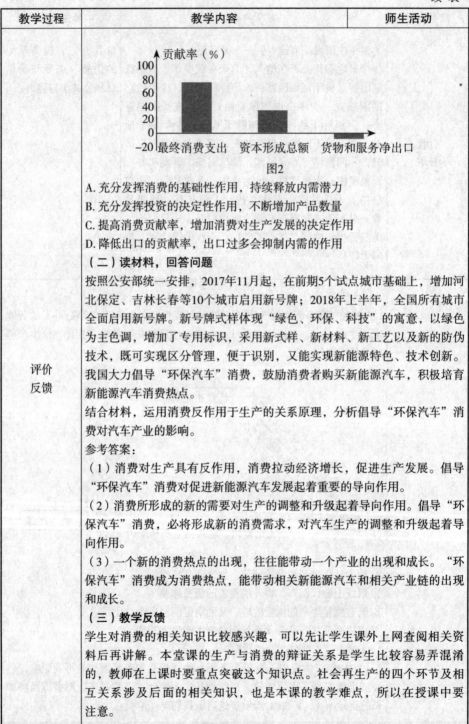 图2 A. 充分发挥消费的基础性作用，持续释放内需潜力 B. 充分发挥投资的决定性作用，不断增加产品数量 C. 提高消费贡献率，增加消费对生产发展的决定作用 D. 降低出口的贡献率，出口过多会抑制内需的作用 **（二）读材料，回答问题** 按照公安部统一安排，2017年11月起，在前期5个试点城市基础上，增加河北保定、吉林长春等10个城市启用新号牌；2018年上半年，全国所有城市全面启用新号牌。新号牌式样体现"绿色、环保、科技"的寓意，以绿色为主色调，增加了专用标识，采用新式样、新材料、新工艺以及新的防伪技术，既可实现区分管理，便于识别，又能实现新能源特色、技术创新。我国大力倡导"环保汽车"消费，鼓励消费者购买新能源汽车，积极培育新能源汽车消费热点。 结合材料，运用消费反作用于生产的关系原理，分析倡导"环保汽车"消费对汽车产业的影响。 参考答案： （1）消费对生产具有反作用，消费拉动经济增长，促进生产发展。倡导"环保汽车"消费对促进新能源汽车发展起着重要的导向作用。 （2）消费所形成的新的需要对生产的调整和升级起着导向作用。倡导"环保汽车"消费，必将形成新的消费需求，对汽车生产的调整和升级起着导向作用。 （3）一个新的消费热点的出现，往往能带动一个产业的出现和成长。"环保汽车"消费成为消费热点，能带动相关新能源汽车和相关产业链的出现和成长。 **（三）教学反馈** 学生对消费的相关知识比较感兴趣，可以先让学生课外上网查阅相关资料后再讲解。本堂课的生产与消费的辩证关系是学生比较容易弄混淆的，教师在上课时要重点突破这个知识点。社会再生产的四个环节及相互关系涉及后面的相关知识，也是本课的教学难点，所以在授课中要注意。	

续 表

教学过程	教学内容	师生活动
评价 反馈	本节课很好地完成了各个教学环节。探究1和探究2通过视频2019年春节假期全国消费状况，设置了几个问题，很好地讲述了生产与消费的辩证关系。探究4先讲述了十九大关于当前社会的主要矛盾的论述，然后具体到珠海斗门应如何发展乡村旅游业，再说到发展靠谁（靠大家，尤其靠青年）。最后一起朗诵梁启超的《少年中国说》。整个教学过程中渗透着政治认同、公共参与等政治学科核心素养，提高了学生的整体素质。	

（徐积先、李晓芳）

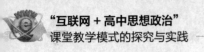
企业与劳动者

【教学目标】

1. 知识目标

（1）了解企业的含义及其在社会生活中的功能与作用。

（2）了解企业开展生产经营活动必须遵守的基本法律、道德要求。

（3）了解公司的基本含义、基本特征及设立公司的基本程序。

（4）理解有限责任公司和股份有限公司的含义。

（5）理解有限责任公司和股份有限公司的共同点与不同点。

（6）知道公司组织机构的基本框架并懂得它们各自承担的职能及其相互关系。

（7）了解企业经营的直接目的。

（8）理解企业兼并与破产的积极意义与作用。

2. 能力目标

（1）学会比较不同公司类型的特点。

（2）初步掌握就业与自主创业的基本技能。

（3）能正确看待企业兼并与破产。

3. 情感、态度与价值观目标

（1）培养创新精神和创业意识。

（2）增强依法经营、依法维权的法治观念。

（3）增强诚实守信、科学管理的观念。

（4）增强进取心和正当竞争的观念。

4. 核心素养目标

树立创新精神和创业意识，培养科学管理的科学精神，增强依法经营、依法维权的法治意识。

【课程标准的基本要求】

识别公司的不同类型，描述公司的经营表现与发展状况，阐述锐意进取、诚实守信在现代经济生活中的价值。

【教学重难点】

（1）教学重点：有限责任公司和股份有限公司，公司的基本特征，影响企业经营成功的主要因素。

（2）教学难点：企业兼并和破产。

【教学设想】

本节课以高中新课程的基本理念为依据，以多媒体辅助教学，创设情境、设置议题问题、师生共同探究。

本课所涉及的"企业的经营"的有关知识涉及比较多的时政热点知识，网络资源特别丰富，因此采用"互联网+"的教学模式。

1. 课前准备

（1）学生预习本课知识并构建知识网络，上传作业。

（2）上网收集有关珠海本地企业成功经营的相关资料。

2. 课堂教学

通过"新课导入—自主学习—自主探究—自我升华"四个环节，将学生课前收集到的资料在课堂上展示出来，对学生收集的资料进行整理和归纳，将零散的知识条理化和系统化。

3. 课后巩固

通过课后练习，进行巩固和升华，继续构建知识网络，培养学生获取资料、提取信息和整理信息的能力。

【教学方法】

情境教学法、议题式教学法、探究式教学法。

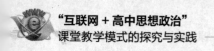
【教学过程】

教学过程	教学内容	师生活动
学习任务	微课推送重点知识讲解，了解《中华人民共和国公司法》的一些相关条文，了解我国的一些知名企业，收集一些知名企业成功经营的案例，公司的含义，公司的类型，公司的组织机构，公司成功经营的措施。	课前布置作业并让学生完成，学生带着问题预习本课知识。
新课导入	视频导入：珠海格力电器股份有限公司的成功经营案例。 珠海格力电器股份有限公司简介：成立于1991年的珠海格力电器股份有限公司是目前全球较大的集研发、生产、销售、服务于一体的国有控股专业化空调企业，2012年实现营业总收入1001.10亿元，纳税超过74亿元，连续12年上榜美国《财富》杂志"中国上市公司100强"。2013年前三季度（1—9月）格力电器实现营业总收入887.59亿元，同比增长15.03%；净利润75.79亿元，同比增长42.13%，继续保持稳健发展态势。格力空调是中国空调业唯一的"世界名牌"产品，业务遍及全球100多个国家和地区。家用空调年产能超过6000万台（套），商用空调年产能550万台（套）。2005年至今，格力空调产销量连续8年领跑全球，用户超过2.5亿。格力电器致力于为全球消费者提供技术领先、品质卓越的产品。格力集团董事长董明珠说："格力的工匠精神，我认为就是做好每个细节，给消费者带去最满意的产品。再进一步，就是对自己的挑战，要不断给自己挑刺，找自己的麻烦，对产品要追求完美，甚至达到与消费者的无缝对接。" （1）格力公司的全称是什么？ （2）董明珠在格力的职位是什么？ （3）公司有怎样的组织架构？ （4）采用这样的组织架构有什么优点？	通过珠海的本地企业格力股份有限公司的成功经营案例导入新课，激发学生的兴趣和话题。
自主学习检验	1.某知名家电企业通过互联网收集消费者的需求信息，并根据他们的特殊需求专门生产了近万台定制彩电。从消费者下单到生产、配送、安装，整个过程仅耗时一个月，比传统批量生产模式（含产供销）少用半年多的时间。与传统的批量生产模式相比，这种定制生产模式能够（C）。 ①充分发挥企业规模优势，降低生产成本 ②以需定产，缩短生产周期，减少企业库存 ③更灵活地应对市场变化，满足消费者多样化需求 ④优化企业决策流程，提高企业技术水平 A.①② B.①④ C.②③ D.③④	学生通过自主学习检验预习的效果。

续 表

教学过程		教学内容	师生活动
自主学习检验		2.（2019年高考全国卷Ⅲ.12）某家国有企业集团进行混合所有制改革，向上下游知名民营企业出让29.8%的股权和部分董事席位，吸纳资金33.6亿元。这有利于该企业（B）。 ① 改善治理结构，提高企业管理水平 ② 控制上下游企业，实现一体化经营 ③ 调整资本结构，降低企业经营风险 ④ 激发企业活力，促进资本保值增值 A.①② B.①④ C.②③ D.③④	
自主探究	探究活动1	活动1：格力股份有限公司和其他有限责任公司的相同点、不同点在哪里？	比较有限责任公司和股份有限公司的相同点和不同点，得出结论。
	探究活动2	中国家电企业普遍采取J模式（J模式是指一个公司拥有几个或更多的不同的产品领域，即几个或更多的产品品类，也就是我们平时所说的扩展或延长产品链。）发展，最后陷入行业性低迷，以海尔最具代表性。海尔以冰箱起家，在"满足顾客需求"理念的引导下，逐步进入黑电（黑色家电）、IT、移动通信等数十个领域。根据海尔公布的营业数据估算，海尔的利润率基本在1%左右，难怪海尔的董事长张瑞敏感叹"海尔的利润像刀片一样薄"。与之相对应的是，家电企业中典型的A模式（A模式是指一个公司拥有一个或最多几个比较占据消费者心智的产品种类）企业——格力，通过聚焦，在十几年的时间里由一家小企业发展成为中国最大的空调企业，并实现了5%～6%的利润率，与全球A模式企业的平均水平一致，成为中国家电企业中最赚钱的企业。 早在《定位》一书中，杰克·特劳特便提出企业应该"聚焦"，让自己的品牌成为同类产品的代名词，并且坚持专一的"专家"形象，拒绝品牌延伸的诱惑。 活动2： （1）其他企业除了做本行业之外，还逐步进入黑电、IT、移动通信等数十个领域，这一模式带来了什么弊端？ （2）与其他家电企业相比，格力股份有限公司的成功体现在哪里？	公司制的企业构架和优点；企业成功经营的要素：公司要定位准确，制订正确的经营战略。

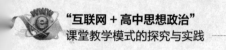
续 表

教学过程		教学内容	师生活动
自主探究	探究活动3	材料：格力在全球拥有九大生产基地，8万多名员工，至今已开发出包括家用空调、商用空调在内的二十大类、400个系列、7000多个品种规格的产品，能充分满足不同消费群体的各种需求；拥有技术专利6000多项，其中发明专利1300多项，自主研发的超低温数码多联机组、高效直流变频离心式冷水机组、多功能地暖户式中央空调、1赫兹变频空调、R290环保冷媒空调、超高效定速压缩机等一系列"国际领先"产品，填补了行业空白，成为从"中国制造"走向"中国创造"的典范，在国际舞台上赢得了广泛的知名度和影响力。 活动3： 格力股份有限公司成功的核心是什么？他们是如何做到的？	通过探究，讲授企业成功经营的要素：公司要依靠科技进步、科学管理，形成自己的竞争优势。
	探究活动4	材料一：2016年，家电圈的关键词就是"买买买"。先是青岛海尔以55.8亿美元完成对GE家电的收购，随后美的集团以514亿日元收购东芝白电（白色家电）、37亿欧元收购德国库卡，最后是格力电器拟130亿元并购珠海银隆。格力这次并购银隆总共增发约14.8亿股，占原有股本的25%。 材料二：珠海格力董事会审议并通过了关于公司与日本大金工业株式会社（以下简称"日本大金"）合资设立珠海格力大金精密模具有限公司、珠海格力大金机电设备有限公司的两项议案。两合资公司注册资本分别为5795.87万美元、7483.28万美元，其中，公司投资金额分别为2955.89万美元、3816.47万美元，均持有51%的股份。 活动4： （1）格力的经营与发展给了你什么启示？ （2）如果帮格力写宣传语，你会怎样写？ （3）你还见过或听说过格力的哪些事迹？	（1）企业要兼并或者联合，实现资源的优化配置。 （2）设置开放性的问题，激发学生的积极性和主动性。
自我升华		本节课通过对本土企业——珠海格力股份有限公司的经营与发展、组织机构及格力公司经营成功的探讨，明确了经营成功的因素。 把一件简单的事做好就不简单，把一件平凡的事做好就不平凡。——海尔集团董事局主席、首席执行官张瑞敏 生活就是这样，总会有乌云遮掩的时候，但也总会有云开雾散的一天。只要你坚持按照自己的理想走下去，就一定会有成功的天。——格力股份有限公司总裁董明珠	总结升华。

续 表

教学过程	教学内容	师生活动
评价 反馈	（一）单项选择题 （1）重庆京东方光电科技有限公司是京东方科技集团股份有限公司（深圳A股代码为000725）的分公司。下列属于京东方科技集团股份有限公司特点的是（A）。 ①公司资本必须划分为等额股份 ②公司的财务状况必须向全社会公开 ③股东表决权实行一股一票原则 ④股东转让出资须征得其他股东同意 A.①②③　　　　B.②③④ C.①③④　　　　D.①②④ （2）我国法定的公司形式有两种，即有限责任公司和股份有限公司。股份有限公司与有限责任公司相比，其特征有（B）。 ①依法向社会公开募股集资，公开财务信息 ②公司组织机构由决策、执行、监督机构构成 ③资本必须划分为等额股份，可依法转让 ④有独立法人财产，对公司债务承担有限责任 A.①②　　B.①③　　C.②④　　D.③④ （3）受销量下降、原材料价格上涨的影响，我国某电视机生产企业2015年的利润率仅为1%。为提高利润率，该企业应采取的措施是（D）。 ①发行企业债券，扩大企业生产规模 ②提高产品价格，抵消原材料价格的上涨 ③优化管理流程，降低生产成本 ④调整产品结构，满足多种消费需求 A.①②　　B.①③　　C.②④　　D.③④ （二）阅读材料，回答问题 低碳经济是以低耗能、低污染、低排放为基础的经济模式，是未来新的经济增长点。我国很多企业面对低碳经济的发展机遇摩拳擦掌，却面临资金、技术等困难。发展低碳经济不仅成本高、周期长、见效慢，而且少数发达国家还垄断着低碳经济的核心技术，不愿意转让。为推动企业走低碳发展之路，国家强化政策支持，包括加大财政投入力度，落实研发投入抵扣所得税政策，完善知识产权保护制度，鼓励国际合作等，从而坚定了企业发展的信心。 结合材料，运用经济生活知识，分析企业面对低碳经济发展趋势应怎样实现自身发展。	课后练习，强化和巩固知识。 参考答案： （1）A （2）B （3）D

教学过程	教学内容	师生活动
评价反馈	参考答案： （1）企业要利用国家宏观调控的优惠政策，赢得发展机遇。 （2）企业需要制订准确的经营战略，在生产经营中注重节能减排。 （3）企业要加强自主创新，掌握自主知识产权，形成竞争优势。 （4）企业要坚持"引进来"和"走出去"相结合，提高对外开放水平。 （5）企业在追求利润的同时，也要承担相应的社会责任，坚持经济效益和社会效益的统一。 教学反馈：本节课通过利用珠海的本地资源，让学生提前收集相关材料，既可以调动学生学习的积极性，又可以激发学生的公共参与意识。通过对几个大的问题的探究以及学生小组合作学习、师生共同合作，共同得出结论。	

（徐积先）

新时代的劳动者

【教学目标】

1. 知识目标

了解劳动的意义和劳动者应该如何推动实现高质量的就业。

2. 能力目标

在人工智能背景下，正确认识劳动者应该具备哪些素养。

3. 情感、态度与价值观目标

提高劳动者的创造力，增强进取心和正当竞争意识，树立正确的就业与择业观；培养劳模精神和工匠精神，培养热爱新时代、适应社会需求和为实现中国梦奉献自己的聪明才智的精神。

4. 核心素养目标

学科核心素养是个体在解决复杂真实情境问题的过程中表现出来的关键能力和必备品质，是适应个人终身发展和当今社会未来发展需要的品质。在本课学习中，围绕"人工智能的发展"这一极具现实意义和参与性的主题，通过创设议题"人工智能大量应用，我会不会被取代"的具体情境，将教材知识与课堂实践相结合，将教师引领与生生对话相结合，将科学精神与青年责任相结合，引导学生在任务情境的持续互动中形成法治意识、政治认同，并将这几个思想政治学科的核心素养落到实处，培养学生的创新意识和拼搏精神，提高学生参与社会竞争与合作的能力。

【教学重难点】

（1）教学重点：要实现更高质量的就业，新时代的劳动者应具备哪些素质？

（2）教学难点：从劳动者、国家、企业和高等院校等主体出发，就如何实现更高质量的就业提出合理的建议。

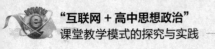
【教学设想】

本节课的教学以高中新课程的基本理念为依据，通过设计一系列的学生活动来完成教学内容的讲授，让学生主动参与教学活动，真正成为教学的主体。引导学生要做一个有梦想的人，在课堂师生对话中，培养学生的思辨能力和理论联系实际分析问题的能力，深入分析社会发展现象，树立危机意识和竞争意识：面对机器人代替人类这件事，我们不用害怕，不要焦虑，要学会改变自己，接受社会，拥抱人工智能。激发学生用理性思维和政府、企业对话，结合就业形势，培养学生换位思考意识，更好地从学生自身去实现更高质量的就业。

【教学方法】

在互联网环境下，利用平板电脑等终端设备，采取合作学习法、议题探究法、启发式教学法开展教学。

【教学过程】

教学过程	教学内容	师生活动
学习任务	（1）提前观看视频材料："盘点TOP30的自动化智能工厂，相当震撼"。 （2）思考：在智能时代，你的职业梦想是什么？	（1）课前教师通过微课发布学习任务清单，学生观看微课（教学素材）。 （2）学生课前观看视频和学习微课，提前感知智能时代对于人力和自动化的选择，并对自己的职业梦想有一个视觉冲击和思考。
新课导入	从学生的职业梦想导入，引出课堂探讨的话题。	引导学生谈自己的职业梦想。
自主学习检验	（1）劳动是劳动者的_____和_____的支出，是和_____的创造活动，是人类文明进步发展的_____。	

教学过程		教学内容	师生活动
自主学习检验		（2）就业是＿＿＿＿＿＿＿＿＿，对整个＿＿＿＿＿。就业使得＿＿＿与＿＿＿相结合，生产出社会所需要的物质财富和精神财富。劳动者就业，有利于其实现自身的＿＿＿，丰富＿＿＿，提高精神境界，从而促进人的＿＿＿。（3）党和政府解决就业的要求：从人民群众的根本利益出发，实施＿＿＿战略和积极的就业政策，制定了劳动者＿＿＿、市场＿＿＿、政府促进就业和＿＿＿的方针。（4）劳动者树立正确的择业观念：①树立＿＿＿观；②树立＿＿＿观；③树立＿＿＿就业观；④树立＿＿＿就业观。	学生整体感知教材知识，为后面的分析社会现象、思考对策奠定坚实的理论基础。
自主探究	探究活动1	感知时代：学生通过在平板电脑上观看视频《人类的走向：人工智能》以及阅读教学素材，概括人工智能时代我国就业形势出现的新特点。	学生自己概括和总结，形成感性认识：在智能化时代，对劳动者提出更高的要求。
	探究活动2	讨论议题：人工智能大量应用，我会不会被取代？主要讨论哪些职业容易被取代和哪些职业不容易被取代。通过对容易被取代和不容易被取代职业的特点分析，概括在人工智能快速发展的时代劳动者应具备哪些素质。劳动者：（1）坚持终身学习，提高自身素质和劳动技能，积极主动适应劳动力市场的新需要。（2）树立创新意识，做好职业规划和就业创业的准备。（3）树立正确的就业观（树立自主择业观、树立竞争就业观、树立职业平等观、树立多种方式就业观）。（4）弘扬我国的工匠精神，以及用合理的方式维护合法的权益。	小组讨论并记录，每组派代表发言，共同对话，生成劳动者应该具备的素质。

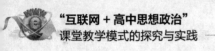

续 表

教学过程		教学内容	师生活动
自主探究	探究活动3	思考对策： 学生在国家、企业和高等院校等主体中，就如何实现更高质量的就业提出合理的建议。 国家： （1）大力发展经济，创造更多的就业机会（根本途径）。 （2）坚持就业优先战略和积极就业政策，实现更高质量的和更充分的就业。 （3）大规模开展职业技能培训，注重解决结构性就业矛盾，鼓励创业带动就业。 （4）提供全方位公共就业服务，促进高校毕业生等青年群体、农民工多渠道就业、创业。 （5）破除妨碍劳动力、人才社会性流动的体制机制弊端，使人人都有通过辛勤劳动实现自身发展的机会。 （6）完善政府、工会、企业共同参与的协商协调机制，构建和谐劳动关系。 （7）促进"互联网+"发展，推进大众创业、万众创新，利用新动能拓展就业新空间。 企业： （1）发展生产，增强自身实力，创造更多的就业岗位。 （2）自觉承担社会责任，积极吸纳劳动者就业。 （3）依法保护劳动者合法权益，建立和完善劳动合同制，为职工提供良好的就业环境。 （4）加强对员工的在职培训，引导员工适应岗位新需求。 高校： （1）需加强校企合作、联合培养，在研究、应用上对准社会发展和企业需求，让企业参与到学生课程教学中，便于学生了解行业前沿动态和岗位需求，可与企业合作以"订单式"培养专门人才。 （2）高校应加大对学生正确的价值观、职业素养、综合能力的培养力度，帮助学生找到兴趣，提前做好职业生涯规划。	（1）选择自己喜欢的角度，给不同的主体提建议，并在"就业树"上粘贴建议条。 （2）"就业树"形象地在学生平板电脑上呈现。

续 表

教学过程	教学内容	师生活动
自我升华	引导学生迎接机遇和挑战，在提高总结综合素质的前提下，实现更高质量的就业，进而促进中国梦的实现。中国梦，是历史的、现实的，也是未来的，中华民族伟大复兴的中国梦终将在一代代青年的接力奋斗中变为现实。	学生思考并朗读寄语。
评价反馈	**（一）教学评价** 职业规划：请学生在课后编制实现自己职业梦想的流程图，可以包含实现梦想的时间、素质和平台等。 **（二）教学反馈** 这节课以人工智能为背景，以劳动者所要具备的素养为纲目，践行"我的职业梦—奋斗我的梦—助力我的梦—实现中国梦"的价值观引领，一气呵成，效果极佳。	学生评价很好，知道了新时代的劳动者所应该具备的素质，喜欢这种接地气、走在时代前沿的课堂。

（雷秋梅）

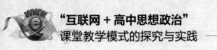
国家财政（一）

【教学目标】

1. 知识目标

（1）了解财政的含义。

（2）理解财政的巨大作用。

2. 能力目标

（1）通过收集和展示大型工程投资和民生社会发展的资料，使学生提高分析综合能力。

（2）通过自主学习，灵活应用知识，为政府发挥财政作用提出合理化建议，提高学生的语言表达能力。

3. 情感、态度与价值观目标

（1）明确财政在我国社会发展中的巨大作用，增强学生的爱国主义情感。

（2）引导学生关注社会热点，参与经济生活，关心珠海的发展，增强主人翁意识，增强学生热爱家乡和服务家乡的意识。

4. 核心素养目标

通过本课的学习：

（1）提升学生对中国特色社会主义的认同感。

（2）通过承担社会责任的积极态度和行动，落实公共参与的核心素养的目标。

【教学重难点】

（1）教学重点：财政的作用，影响财政收入的因素。

（2）教学难点：国家通过财政手段促进国民经济平稳运行。

【教学设想】

1. 教学理念

生活就是课堂。从学生的日常生活出发，通过挖掘本土资源，以"互联网+"教育为手段，在共同探究中生成知识。

2. 课前准备

（1）学生预习本课知识并构建知识网络，将其上传作业平台。

（2）上网收集珠海市公共基础设施投资的相关资料。

3. 课堂教学

通过"新课导入—自主学习—自主探究—自我升华"四个环节，将学生课前收集到的资料在课堂上展示出来，对学生收集的资料进行整理和归纳，将零散的知识条理化和系统化。第一部分围绕珠海市财政收入与支出构成图，分析财政收入和财政支出的相关理论知识；第二部分围绕珠海市投入的重点及其原因，分析国家财政的作用。从生活到教材，步步深入，生成知识。

【教学方法】

在互联网环境下，利用平板电脑等终端设备，采取情境导入法、活动探究法、案例提问法、小组讨论法开展教学。

【教学过程】

教学过程	教学内容	学生活动
学习任务	（1）微课推送——"珠海市的公共服务"。 （2）通过互联网布置学习任务。读教材，回答以下问题。 ①国家财政是什么？ ②国家财政有什么作用？	课前教师在网上发布学习任务清单，学生上网观看微课，然后教师布置学习任务，学生完成后在网上提交。
新课导入	展示港珠澳大桥图片，思考：仅靠个人出资能兴建吗？国家对大桥的投资来源是什么？让我们学习第八课，国家财政的相关知识。	学生通过现场演示体验国家预算与决算的流程，加深理解。

续 表

教学过程		教学内容	学生活动
新课导入		概念辨析： 财政的含义：国家的收入与支出。 现场演示： 国家预算的含义：由政府提出并经过法定程序审查批准的国家年度基本收支计划。 国家决算的含义：上一年度国家预算执行结果的会计报告。	
自主学习检验		（1）财政的含义：_____；_____。 财政预算：由_____提出并经过_____程序审查批准的_____。 国家决算：_____年度_____执行结果的_____。 （2）财政的巨大作用。 ① 国家财政是促进_____，改善_____的物质保障。 ② 国家财政具有促进_____的作用。 ③ 国家财政具有促进_____的作用。	
自主探究	探究活动1	探究题目：财政的构成 小组任务： （1）通过互联网查找《2018年珠海市财政收入构成图》，针对图表进行数据分析，概括出财政的主要作用之一。 （2）引导学生理论联系实际，围绕这一观点，结合自身见闻深入讨论政府（从珠海扩展到全国）还提供了什么服务，财政是如何发挥该作用的。举例说明你最感兴趣的方面并通过照片、视频等信息资料进行展示。	学生分析财政收入的构成图（联系珠海市的财政收入与城市建设的关系）。在互联网上分享照片和视频的信息，提高信息的处理能力。
	探究活动2	探究题目：财政的作用 小组任务： （1）作为生活在珠海的居民，你知道自己身边有哪些公共服务是由政府提供的吗？根据自己的兴趣在"人民生活""资源配置""经济发展"中各选择1~2个举措进行分析，通过电视广播或报纸杂志以及网络等手段收集生活中的真人真事，并写出具体的相关政策（三者各选择一案例）。	（1）学生围绕任务收集相关信息，通过具体的例子与政策真切感受财政的作用。

续 表

教学过程		教学内容	学生活动
自主探究	探究活动2	举例： 选择"社会保障体系"：××家是外来人口，来到珠海发展需要住房过渡，政府为其提供了廉租房。廉租房是什么呢？目前珠海保障性住房主要是廉租房。2009年珠海通过廉租房方式解决了1703户城镇低保和低收入家庭的住房问题，其中租赁住房补贴（提供货币补贴）1112户，实物配租（提供廉租房）591户，为改善农民工、低收入者等的生活提供了物质保障。<table><tr><td>作用</td><td>举措类型</td><td>例子及政策</td></tr><tr><td>人民生活</td><td>促进教育公平？ 社会保障体系？ 医疗卫生制度？ ……</td><td></td></tr><tr><td>资源配置</td><td>交通运输？ 邮电通信？ 水利建设？ ……</td><td></td></tr><tr><td>经济发展</td><td>物价上涨？ 调整利率？ 减免税收？</td><td></td></tr></table>（2）深入讨论最近几年珠海市（从珠海扩展到全国）还在建设什么重大工程，财政是如何发挥该作用的。 （3）引导学生在课堂中概括出财政的三大作用。	（2）学生通过平板电脑拍照的方式上传同屏给全班同学分享。同屏分享后学生自由起身回答。 根据学生的回答，师生一起适时进行知识归纳梳理。 学生根据前面所学内容，自己整理归纳原理和方法论。根据教师的展示，对比自己整理归纳的原理和方法论。 学生根据教师点拨进一步理解疑难点。
	探究活动3	探究题目：财政政策 小组任务： （1）通过互联网查找财政政策的几种类型，并对其特点进行归纳和总结。 （2）引导学生从一个项目的经济背景扩展到国家应对不同经济形势的财政政策。	（1）学生自主探究思考。 （2）小组展示，其他同学补充。 （3）学生整理反思。
	探究活动4	探究题目：财政收入与支出 小组任务：比较珠海的财政收入构成图和财政支出构成图，归纳出财政收入的影响因素和财政支出的主要类型。	学生评价珠海的财政收入与支出，并分享。

续 表

教学过程	教学内容	学生活动
自我升华	**（一）自主构建本框知识** 国家财政 ┬ 含义与分类 ┬ 财政收入 　　　　　　　　　　　└ 财政支出 　　　　　└ 作用 ┬ 1. 促进社会公平，改善人民生活 　　　　　　　　　├ 2. 促进资源合理配置 　　　　　　　　　└ 3. 促进国民经济平稳运行 **（二）市场经济体制下的公共财政** 我国市场经济体制下的公共财政，其内涵是满足公共需要、提供公共产品、服务公共利益，核心就是用纳税人的钱来解决人民群众和社会各界共同关心的教育、医疗、社会保障等民生问题，为大家办实事、办好事，为老百姓谋福利。	学生自己构建知识体系，并与教师和其他同学的比较后进行修改完善。学生在平板电脑上分享各自的知识建构。教师点拨、分享。
评价反馈	**（一）教学评价** （1）某市政府通过落实粮农补贴，设立专项资金、增加农业科技攻关经费等措施，加大对农业的财政支持力度，进一步提高了农业综合生产能力。这主要表明政府通过财政（D）。 A. 调节资源配置　　B. 促进经济发展 C. 实行经济监督　　D. 促进社会公平 （2）按照"十二五"规划，我国2010年至2015年地铁建设投资额将达11568亿元，2020年地铁建成总长度将达6100千米。这表明（B）。 A. 财政是改善人民生活的物质保障 B. 财政具有促进资源合理配置的作用 C. 财政能够促进国民经济的平稳发展 D. 财政是巩固国家政权的物质保证 （3）在经济过热，物价上涨时，政府经常利用紧缩性财政政策来给经济"降温"。下列措施符合这一政策的是（B）。 ① 减少财政支出，增加税收 ② 刺激总需求增长，降低失业率 ③ 增加财政支出，减少税收 ④ 抑制总需求，降低通货膨胀率 A. ①②　　B. ①④　　C. ②③　　D. ③④	1. 学生在平板电脑上传自己的答案。 参考答案： （1）D （2）B （3）B （4）D （5）C 2. 教师根据学生上传的答案，即时了解学生答案的准确率，讲评绝大多数的错题。还可发送类似的题继续训练，直至这个知识点过关为止。

续 表

教学过程	教学内容	学生活动
评价反馈	（4）《人民日报》近日报道，2019年上半年我国继续实施积极的财政政策，在扩大居民消费需求、提高消费能力方面，出台了一系列政策措施。下列的选项中，可以扩大居民消费需求的财政政策有（D）。 ①加大农民购买家电、农机具的财政补贴力度 ②拓宽就业渠道，扩大就业 ③调整个人所得税税率，降低中低收入者缴税额 ④降低存款利率 A.①②　　B.②④　　C.②③　　D.①④ （5）财政是国家凭借政治权利而进行的社会产品分配。财政实质上是（C）。 A.一种生产关系　　B.一种交换关系 C.一种分配关系　　D.一种消费关系 （6）运用所学经济生活有关知识，结合下列表格说明财政在开拓农村消费市场方面的作用。 中央加强农村建设的举措 中央一号文件指出，要把扩大农村需求作为拉动内需的关键举措，公共财政向农村倾斜、公共服务向农村覆盖、社会事业向农村延伸，确保广大农民分享改革发展的成果 增加农业补贴　让农民得到更多实惠 增加农业农村投入　预算内固定资产投资优先投向农业基础设施和农村民生工程，土地出让收益优先用于农业土地开发和农村基础设施建设 完善农村社会保障　加快完善覆盖城乡居民的社会保障体系。农村最低生活保障制度全面建立 **（二）教学反馈** 本堂课采用了与学生生活密切相关的案例，进而引发学生对国家财政的思考。学生比较感兴趣，分享经验的兴致很高。平板电脑的案例分享与解读知识面较广，能较有效地引发学生的头脑风暴。在理解与区分财政的作用，尤其是第三个作用时，一开始有点困难，但经过详细的图表引导后，学生表现非常积极。	

（黄翠婷）

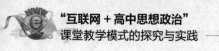

国家财政（二）

【教学目标】

1. 知识目标

知道财政的含义，了解财政收入和财政支出，了解财政收入和支出的关系，理解影响财政收入的主要因素，理解财政在社会经济生活中的作用。

2. 能力目标

通过观察身边的事培养学生发现问题的能力，通过分析图表提高学生的读图能力；通过对问题的思考、讨论、交流提高学生的辩证思维能力。

3. 情感、态度与价值观目标

通过"走进阳江城、关心阳江事、观察阳江人"活动，进一步认识财政在阳江经济社会发展中的巨大作用，激发学生爱家乡、建家乡的热情，使其积极关心和支持财政工作。

4. 核心素养目标

（1）政治认同——通过对财政知识的学习，增强对我国财政政策的认同。

（2）科学精神——科学认识财政赤字（适度的财政赤字可以增加总需求，促进经济发展）。

（3）法治意识——自觉树立纳税人的权利和义务意识。

【教学重难点】

（1）教学重点：财政的作用。

（2）教学难点：财政政策。

【教学设想】

本节课的教学以高中新课程的基本理念为依据，以阳江市的鲜活例子为线索，穿针引线，分为阳江城、阳江事、阳江人三部分，层层递进，把阳江素材与知识点相融合，深入浅出地讲授课本知识。整节课的设计都贯穿着情感教育。教师通过提供丰富的材料，创设真实的情境让学生积极主动地参与学习，形成师生互动的教学氛围，从而达到教师的教与学生的学的心灵碰撞。在生活实例的引入过程中，结合社会热点，鼓励学生积极主动地对其进行讨论，发表自身看法，有助于锻炼学生观察—思考—发现的学习逻辑思维，也使学生能够更加深刻地认识到生活中该事件的社会意义和价值，将实践与理论相结合，将课本与生活进行融合，达成创新型教育，增强学生政治认同感的目标。

【教学方法】

在互联网环境下，利用平板电脑等终端设备，采取情景导入法、活动探究法、集体讨论法、情感升华法开展教学。

【教学过程】

教学过程	教学内容	学生活动
学习任务	（1）学习微课《阳江市"十三五"规划重大工程展示》。 （2）观看视频"高铁来了！" （3）读教材，回答以下问题： ①构建本框题的知识体系。 ②完成导本框题的学案。	课前教师在网上发布学习任务清单，学生上网观看微课，然后教师布置学习任务，学生完成后在网上提交。 学生在课前上网观看视频和学习微课，阅读教材并完成学习任务。
新课导入	改革开放40年，中国特色社会主义发展进入新时代，中华民族迎来了从站起来、富起来到强起来的历史性飞跃，开创了中国特色社会主义事业新局面。阳江经济社会取得了巨大成就，城市面貌发生了翻天覆地的变化。2017年，阳江迎来第一条高铁线路——深茂高铁；2022年，广湛高铁将开通。除此之外，阳江还规划建设了许多便民利民的重大工程，我们来感受一下阳江的美好未来…… 教师播放视频： （1）深茂铁路江茂段项目投资估算总额290.4亿元，其中工程投资269.4亿元，机车车辆购置费为21亿元。	引导学生使用网络收集阳江"十三五"规划的重大工程项目，通过视频让学生了解深茂高铁的建设需要国家财政的投入，使学生对国家财政的概念有初步的认知。

续 表

教学过程		教学内容	学生活动
新课导入		（2）阳江市"十三五"规划：除了深茂铁路，阳江将规划建设珠三角城际铁路西延线、阳阳铁路支线。除此之外，投资建设干线公路 、地方经济及重点网络连接线（60项）、港口航道（20项）、机场（3项）等，交通建设投资780多亿元。	
自主合作探究	探究活动1	阳江·城： （1）教师提出探究： ① 政府投资的巨额资金从哪里来？除了交通建设，政府筹集的资金还用到哪里去？ ② 财政收支关系可能存在哪几种情况？通过判断抢答。 ③ 未来几年，阳江将耗资上千亿元来修桥、建高铁，这件事由阳江市市长说了算吗？你觉得要经过哪些程序？ （2）提出抢答要求。 （3）教师点评、归纳知识点。	利用平板电脑发布抢答规则，学生即时上传答案。 （1）学生结合课本知识认识财政收入和财政支出的范围。 （2）学生结合教师展示的判断题和选择题回答问题，从而体验财政收入与支出在实际生活中的应用。 （3）学生整理知识点。 通过自主探究、识记、理解和抢答掌握财政收入与支出、财政预算和财政结算的概念，并提高自主学习、探索的能力。
	探究活动2	阳江·事：（关注政府"钱袋子"） 近年来阳江地区生产总值及公共财政收入（亿元） （1）教师展示数据，提出探究要求，让学生思考：上表蕴含着哪些经济信息？（数据横向、纵向分析）。	学生阅读材料，分组讨论交流，形成答案并回答。通过平板电脑拍照的方式上传同屏给全班同学分享。同屏分享后学生自由起身回答。

项目　　年份	2013年	2014年	2015年	2016年
生产总值	1040	1168	1256	1342
财政收入	537	629	679	579

教学过程		教学内容	学生活动
自主合作探究	探究活动2	（2）七嘴八舌：政府的收入越多越好。你怎样看待这种观点？请说明理由。请同学们在平板上畅所欲言。（参考课本P67） （3）教师点拨总结归纳。	根据学生的回答，师生一起适时进行知识归纳梳理。 学生根据教师点拨进一步理解疑难点。
	探究活动3	**阳江·人：（观察"微表情"）** 探究活动：将班级学生分为三大组、多个小组，每个大组讨论一个案例。 **情境一："老有所依"** 生活困难的王大爷去年住上了马群片区的廉租房，平时可以免费乘坐公交车去政府补贴的平价菜场买菜，有时不想做饭了，还可以在社区里的养老助餐点享用由财政补贴的老人午餐，日子过得越来越滋润。 （1）提出探究要求：①王大爷的经历分别揭示了财政的哪些作用？材料中是如何体现的？②财政促进社会公平、改善人民生活的例子还有哪些？课前大家已经收集了材料，请畅所欲言。 （2）老师点拨归纳总结。 **情境二："村村通路"** 过去，江城区中州街道华龙村的村道1.5公里长，是村民和养殖户日常出行使用的主要道路，以前是沙土路面，每逢雨天道路泥泞不堪，群众出行十分不便。阳江某些地区基础设施较为落后，居民过江进城很不方便。如今，村道建好了，全村3400多名村民出行变得非常方便。据统计，2017年阳江市计划建设84个道路项目。共102.842公里，总投资为3599.47万元，截至2017年11月底已全部完工。我市共907个行政村，9027个自然村，目前各行政村已经全部实现了"村村通"。 提出探究要求： （1）华龙村的改造分别揭示了财政的哪些作用？材料中是如何体现的？ （2）体现资源合理配置的例子还有哪些？结合生活中的例子谈谈，大家一起分享。	情境一： （1）学生自主探究思考。 （2）小组展示，其他同学补充。 （3）学生整理反思。 通过学生参与情境一的学习，能感受到政府的温暖。还有哪些人需要财政的帮助与关怀呢？ ——财政促进社会公平，改善人民生活（民生工程得民心）。 例子： （1）确保城镇、农村低保平均补差水平分别不低于564元/人月、261元/人月。 （2）重大疾病的保险（二次补偿）：参保我市城乡居民医疗保险的在一年度内住院费用超过3000元，可以获得二次补偿，参保人住院就医一年最高报销达到20万元，减轻了个人负担。

教学过程		教学内容	学生活动
自主合作探究	探究活动3	**情境三：企业减负** 为有效降低实体经济企业负担，提振实体经济企业发展信心，助推企业转型升级，阳东区加大实施减税降费政策措施，多措并举给企业减负。2017年1月—11月，该区累计减轻企业税费8.82亿元。某餐饮业负责人表示，营改增给公司带去的不仅是减税降负，还有财务以及管理上的规范。该公司还将节省下来的税费用于更新设施设备及酒店装修，进一步为消费者提供更好的服务。"现在酒店行业竞争压力大，营改增后企业负担轻了，就有更多资金用于完善自身管理、提升服务水平。"除了餐饮业，还有更多的企业、行业因此受益。 （1）提出探究要求：阳东区的做法体现了财政的什么作用？ （2）观看微课：《财政如何促进经济的平稳运行》。 （3）教师点拨归纳总结。	通过合作探究情境二，让学生进一步感受农村"天生丽质"但地处偏远，而财政可以帮助它进行田水路林村综合整治，最终形成干净整洁、美丽多彩的乡村，吸引众多市民观光旅游，认识到财政调动了横溪人、财、物各方面的资源，同时也提高学生对家乡的热爱。 通过合作探究情境三：让学生进一步掌握我国财政政策在实际生活中的运用。通过微课，增强学生对知识难点的突破。
自我升华		**（一）自主构建本框知识** 国家财政 ├─ 财政及其作用 │　├─ 财政：含义／本质／国家预算和决算 │　└─ 财政作用：促进社会公平、改善人民生活／促进资源合理配置／促进国民经济平稳运行 └─ 财政收入与支出 　├─ 财政收入：含义／形式／影响因素 　├─ 财政支出：含义／分类 　└─ 财政收入和支出的关系：财政收支平衡／财政盈余／财政赤字／合理确定，促进社会总供求平衡	学生自己构建知识体系，并与教师和其他同学的比较后进行修改完善。学生在平板电脑上分享各自的知识建构，教师点拨、分享。

教学过程	教学内容	学生活动
自我升华	**（二）说一说：谈谈你在阳江的小幸福** 阳江城，始终蓬勃发展；阳江事，令人欢欣鼓舞；阳江人，快乐幸福。这些美好的背后，都有着财政的默默贡献。什么是财政？财政就是"因天下之力以生天下之财，取天下之财以供天下之费"，也正是因为政府借财政之力守望着效率与公平，老百姓的脸上才能始终洋溢着幸福的笑容。我们有理由相信，在阳江人与政府的不断努力下，我们的生活一定会越来越好。	学生观察身边的例子，讲出身边的小幸福，与全班同学分享。
评价反馈	**（一）教学评价** 1. 在每题给出的四个选项中，只有一项是最符合题意的。 （1）近年来，为推进科技创新，国家采取了一系列措施：不断加大财政科技投入力度；完善国家科技奖励制度，加强与岗位职责、工作业绩、实际贡献紧密联系和鼓励创新创造的分配激励机制等。这些措施的依据是（D）。 ① 我国初级阶段基本经济制度 ② 财政具有促进资源合理配置的作用 ③ 我国在初级阶段的分配制度 ④ 财政具有促进经济平稳运行的作用 A.①④　　B.②④　　C.①③　　D.②③ （2）"卡尔多·希克斯改进"是经济学家提出的旨在确立一项衡量经济政策和行为成功与否的标准。其特点是，在一种变革中，获益者得到的利益足以弥补利益受损失者的损失。它要求一项经济政策能够从长远角度提高全社会的效率。下列事项中，符合"卡尔多·希克斯改进"的是（D）。 ① 国家完善初次分配中个人所得税制，中低收入者收入增加，但高收入者缴税增加 ② 市政府向社会购买养老服务，政府收入减少，但社会公益事业得到更好发展 ③ 国家扩大营改增范围，财政收入有所减少，但部分企业经济效益因此提高 ④ 某地提高最低工资标准，企业近期利润可能减少，但劳动者收入可能提高 A.①②　　B.②③　　C.①④　　D.③④	1. 学生通过平板电脑上传自己的答案。 参考答案： （1）D （2）D （3）D （4）A 2. 教师根据学生上传的答案，即时了解学生答案的准确率，讲评绝大多数的错题。还可发送类似的题继续训练，直至这个知识点过关为止。

续 表

教学过程	教学内容	学生活动
评价 反馈	（3）2018年我国财政工作坚持稳中求进的工作总基调，以提高经济发展质量和效益为中心，继续实施积极的财政政策，促进经济持续健康发展和社会和谐稳定。下列能体现国家财政具有促进国民经济平稳运行作用的是（D）。 A.降低企业设备投资的税收负担，扩大投资需求 B.加强财政支农力度，提高农业综合生产能力 C.加大对大气污染治理的财政投入，保护生态环境 D.保障家庭经济困难的学生完成学业，促进教育公平 （4）2016年12月29日至30日，全国财政工作会议提出，2017年财政要大幅增加财政专项扶贫资金投入，全面推进贫困县涉农资金整合试点，支持做好易地扶贫搬迁、资产收益扶贫等工作。这说明（A）。 ①财政具有促进国民经济平稳运行的作用 ②财政在国家再分配中具有不可或缺的作用 ③财政能够解决市场经济不能解决的公平问题 ④财政投入为改善民生提供了重要的物质保障 A.①③ B.②④ C.①② D.③④ 2.简答题，阅读下列材料回答下列问题。 信息爆炸的时代，大数据帮助我们从海量、多样化的数据中挖掘出有价值的信息，变革着我们的生产和生活方式，日益显出广阔的应用前景。 材料：有形的手有了抓手 某市财政局与11家互联网企业和电信运营商签订大数据战略合作协议，利用它们掌握的海量信息和大数据技术，实现财政资金的精准投放：对医疗和社会保障专项支出，有效改善了低收入市民的生活；对基础设施和基础行业的财政投资，极大改善了投资环境；通过试点推广营业税收改增值税，有效助推了制造业设备更新改造。 结合材料，运用经济生活相关知识，说明大数据时代该市是如何发挥财政作用的。	

续 表

教学过程	教学内容	学生活动
评价反馈	答案：该市通过大数据进行分析，把握居民常见病和年龄结构变化，来调整对医疗和社会保障的财政支出，为促进社会公平，改善民生提供了物质保证；该市运用大数据技术，对企业和社会对公共产品的需求进行数据分析辨识，有针对性地对基础设施和基础行业进行财政投资，促进了经济资源的合理配置；该市对试点反馈数据进行分析处理，对税率进行有效的调整，促进了国民经济平稳运行和制造业的健康发展。 （二）教学反馈 本课设计立足阳江本土资源，力争做到教学的"生活化"，尽量帮助学生在熟知的、亲近的现实生活中去发现和把握经济学知识。 教学设计在关注教材的处理，尊重教材的基础上，为更符合逻辑，将顺序进行小幅度调整。在分析财政的作用时，从人的感受切入，为经济生活课增添了许多人文关怀色彩，也是想通过这种尝试，让学生感受到前面图表中的一串串数字并不是冰冷的，其背后饱含着政府"因天下之力以生天下之才，取天下之财以供天下之费"的良苦用心。 基于学生的学习、考核实际，知识和能力及情感、态度与价值观三者相辅相成的关系，知识的学习架构必不可少。 通过教学，相信学生会因为"国富"而产生自豪感，因为"民富"而产生幸福感，这是本课情感、态度与价值观目标上的升华，也是提升学生政治认同这一核心素养的具体措施。	学生通过平板电脑上传答案，教师选择学生的答案进行点评、纠错。 教师在课后在线上帮学生批改作业。

（谢东君）

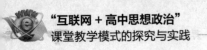
国家财政（三）

【教学目标】

1. 知识目标

（1）知道财政的含义和实质，了解国家预算和决算的含义。

（2）理解财政的作用，尤其是如何运用财政政策实现经济平稳运行。

（3）知道财政收入的含义及具体获取渠道，理解影响财政收入的主要因素，能够为政府增加财政收入提出合理化建议。

（4）了解财政支出的含义和我国财政支出的具体用途，懂得财政收支对比关系以及如何确定财政收支的合理关系。

2. 能力目标

（1）初步掌握运用财政政策实现经济平稳运行的方法。

（2）初步掌握根据政府职能合理分配财政支出的方法。

（3）能够为政府增加财政收入提出合理化建议。

（4）初步了解如何合理确定财政收支关系。

（5）辩证地认识财政赤字现象。

3. 情感、态度与价值观目标

（1）知道我国国家财政的性质、功能，增强爱国主义情感。

（2）关注国家财政支出的内容，关注国家与社会发展，增强主人翁意识。

4. 核心素养目标

通过学习，培养学生主动积极参与经济生活的意识，提高学生参与经济生活的相关专业素养。

【教学重难点】

（1）教学重点：财政的作用。

（2）教学难点：如何确定合理的财政收支关系。

【教学设想】

以事实材料为背景，主要通过"创设情境—问题设置、自主探究—教师点拨—感悟升华"的方式引导学生学习国家财政的相关知识。通过指导学生对时政材料的深入探究，让其感悟国家财政对人民生活、经济发展的巨大作用，不断增强国家整体利益的观念，并能根据经济运行情况，为制订有效的财政政策出谋划策。

【教学方法】

在互联网环境下，利用平板电脑等终端设备，采用探究法、分析法、比较法、逻辑推导法开展教学。

【教学过程】

教学过程		教师活动	师生活动
学习任务		（1）e网通平台资源（微课）自主学习。 （2）标记疑惑知识点。	课前教师在网上发布学习任务清单，学生在课前上网观看视频和学习微课；阅读教材，标记疑惑知识点。
新课导入		展示港珠澳大桥建设的相关资料，提出问题，引导学生思考新课知识。	学生思考，将问题和知识初步结合。
自主合作探究	探究活动1	2018年政府工作报告指出： （1）要在发展基础上多办利民实事、多解民生难事，着力促进就业创业，稳步提高居民收入水平，发展公平而有质量的教育，实施健康中国战略，更好地解决群众住房问题，强化民生兜底保障。 （2）过去五年，发挥政府投资作用，更多资金投向强基础、增后劲领域。高速铁路运营里程从9000多公里增加到2.5万公里，占世界三分之二，高速公路里程从9.6万公里增加到13.6万公里，新建改建农村公路127万公里，新建民航机场46个，开工重大水利工程122项，完成新一轮农村电网改造，建成全球最大的移动宽带网。	教师利用平板电脑发布探究活动1。 学生根据材料总结出财政的作用，并利用材料总结出知识点： （1）国家财政是促进社会公平、改善人民生活的物质保障。主要涉及的关键信息是再分配、教育公平、社会保障体系、提高人民生活水平。

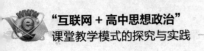

续 表

教学过程		教师活动	师生活动
	探究活动1	上述两则材料分别体现了国家财政的什么作用，并总结各个作用涉及的关键信息。 教师引导学生列举生活中与财政促进社会公平、改善人民生活物质保障、促进资源合理配置有关的具体例子。	（2）国家财政促进资源合理配置。主要涉及的关键信息是相关行业、地区、基础设施的建设。 教师引导学生思考举例。学生举例，再一次感悟财政的作用。
自主合作探究	探究活动2	教师分析说明经济的平稳运行要求社会总供给与总需求平衡，并展示在经济增长滞缓时，所采取的扩张性财政政策的传导过程： 经济滞缓 → 需求不足 → 扩张性财政政策 → 增加经济建设支出 减小税收 降低失业率 要求学生据此写出经济过热时采取紧缩性政策的传导过程。 展示表格，引导学生填充，区别财政政策和货币政策。	教师利用平板电脑发布探究活动2。学生自主书写经济过热而采取紧缩性财政政策的传导过程，感受"逆风向调节"。 教师通过平板电脑展示表格。通过表格比较财政政策和货币政策，学生进一步明确"逆风向调节"，与第一课通货膨胀和通货紧缩等知识联系起来，为学习科学宏观调控奠定基础。

区别		财政政策	货币政策
区别	制定者	国家（政府）财政部门	中国人民银行（中央人民银行）制定
	内容	财政收入和支出、税收、发行国债等	和银行、货币量有关的政策。调整存贷款（基准）利率、存款准备金率等
相同		都是为了经济平稳运行，社会总供给和总需求的平衡。经济增长滞缓，实行扩张性财政政策和宽松的货币政策；经济过热时，实行紧缩性的财政政策和从紧的货币政策	

教师引导学生总结思考。学生思考问题，理解知识的内在联系。

教师引导学生总结国家财政的三个作用，说明国家财政是国家治理的基础和重要支柱。点拨思考：财政要发挥作用，必须有财政收入，财政收入的来源有哪些？受到哪些因素的影响？

续 表

教学过程		教师活动	师生活动
自主合作探究	探究活动3	教师展示数据和图示，学生自主探究影响财政收入的因素有哪些，这些因素如何影响财政收入，为了促进财政收入增加应该采取什么措施。 财政收入影响因素： 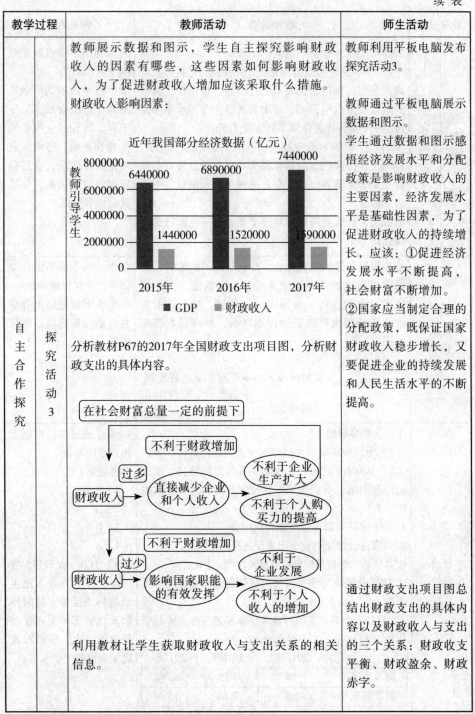 分析教材P67的2017年全国财政支出项目图，分析财政支出的具体内容。 利用教材让学生获取财政收入与支出关系的相关信息。	教师利用平板电脑发布探究活动3。 教师通过平板电脑展示数据和图示。 学生通过数据和图示感悟经济发展水平和分配政策是影响财政收入的主要因素，经济发展水平是基础性因素，为了促进财政收入的持续增长，应该：①促进经济发展水平不断提高，社会财富不断增加。②国家应当制定合理的分配政策，既保证国家财政收入稳步增长，又要促进企业的持续发展和人民生活水平的不断提高。 通过财政支出项目图总结出财政支出的具体内容以及财政收入与支出的三个关系：财政收支平衡、财政盈余、财政赤字。

教学过程		教师活动	师生活动
自主合作探究	探究活动4	2018年政府工作报告指出： （1）今年要继续创新和完善宏观调控，把握好宏观调控的度，保持宏观政策的连续性、稳定性，积极的财政政策取向不变，要聚力增效。今年赤字率拟按2.6%安排，比去年预算低0.4个百分点。 （2）进一步减轻企业税负。改革完善增值税制度，按照三档并两档方向调整税率水平，重点降低制造业、交通运输等行业税率，提高小规模纳税人年销售额标准。 请说明为什么要降低财政赤字率，进一步减轻企业税负。	教师利用平板电脑发布探究活动4。 学生按小组根据所学经济知识分析财政赤字率下降、减轻企业税负的传导和影响，感悟国家根据具体情形，合理确定财政收支关系，促进社会供求平衡。
自我升华		学生根据本课的探究体验，深化对知识的理解，明确国家财政的功能，增强爱国主义情感，关注国家与社会的发展，增强主人翁意识。教师点拨，进一步感悟提升知识的内在联系，形成以下思维导图： 经济发展水平 合理政策 ——→ 财政收入 ——→ 合理 ——→ 更好发挥 　　　　　　　财政支出 ——→ 关系　　财政作用	学生总结本课知识，尝试画出本课思维导图。 学生在平板电脑上分享各自的知识建构，教师点拨、分享。
评价反馈		**（一）教学评价** （1）为加快从制造大国转向制造强国的进程，我国实施"中国制造2025"规划，采取财政贴息、加速折旧等措施，推动传统产业技术改造和升级。这表明（A）。 A. 国家财政可以促进资源合理配置 B. 国家通过增加财政支出来促进经济平稳运行 C. 加快技术创新是转变经济发展方式的主攻方向 D. 货币政策成为我国经济实现创新驱动发展的重要手段 （2）三年多来，某国财政赤字率和通货膨胀率的变化见下表。	1. 学生通过平板电脑上传自己的答案。 参考答案： （1）A （2）D （3）D （4）A （5）① 国家财政是促进社会公平、改善人民生活的物质保障。红河州财政增加了民生和社会保障等支出，保障和提高了人民的生活水平。

	2015年	2016年	2017年
财政赤字率	3%	4.2%	6.7%
通货膨胀率	5%	7.5%	13%

续 表

教学过程	教师活动	师生活动
评价反馈	为了应对这种局面，该国可采取的政策措施是（D）。 ① 降低企业所得税税率 ② 央行在市场上出售债券 ③ 降低存款准备金率 ④ 压缩政府开支 A.①③　　B.①④　　C.②③　　D.②④ （3）2017年中央安排城乡义务教育补助经费1432亿元，一大看点是从2017年春季学期起，统一城乡义务教育学生"两免一补"政策，每个学生背后的义务教育经费可以"钱随人走"，惠及更多跟随父母进城读书的农村孩子。这表明（D）。 A. 积极的财政政策有利于促进资源的合理配置 B. 通过国民收入的初次分配以促进教育公平 C. 通过财政支出促进国民经济平稳运行 D. 促进教育公平需要国家财政提供物质保障 （4）"十三五"规划提出，要科学谋划好新时期扶贫开发工作，确保贫困人口到2020年如期脱贫。习近平总书记也提出，扶贫开发"贵在精准，重在精准，成败之举在于精准"。我们把"精准扶贫"比喻为"滴灌"，不能"喷灌""大水漫灌"。从财政角度看，这意味着（A）。 ① 加大财政对特定对象的扶持力度 ② 财政收入将会小幅减少 ③ 财政的支出结构得到优化 ④ 我国实施紧缩性财政政策 A.①③　　B.①④　　C.②③　　D.②④ （5）近年来，云南省红河州积极盘活财政存量资金，千方百计筹集资金用于保民生、补短板、促增长。2013年至2017年10月，全州财政社会民生支出从244.7亿元增加到312.2亿元，年均增长9.86%，支出占财政总支出的比重达80%左右；在州财政的大力支持下，道路、交通运输、邮电通信等基础设施行业也实现了快速发展。与之同时，红河州不断优化财政支出结构，有效应对了经济下行压力，进一步促进了全州经济社会的持续平稳发展。	② 国家财政具有促进资源合理配置的作用。州财政对产业短板的大力支持，促进了经济结构的优化和资源的合理配置。 ③ 国家财政具有促进国民经济平稳运行的作用。全州通过优化财政支出结构，有效应对经济下行压力，促进了经济的平稳运行。 2. 教师根据学生上传的答案，即时了解学生答案的准确率，讲评绝大多数的错题。还可发送类似的题继续训练，直至这个知识点过关为止。

69

续　表

教学过程	教师活动	师生活动
评价反馈	结合材料，谈谈该地在经济发展过程中是如何发挥财政作用的。 **（二）教学反馈** 利用事实材料引导学生深入探究，让学生在课堂中真正成为主体，并对政治课产生浓厚的兴趣，真实地感受到政治理论离自己的生活并不遥远，从而接受所学的政治理论观点。	

（刘玲玲、周淑仪）

市场配置资源

【教学目标】

1. 知识目标

（1）合理配置资源的必要性。

（2）了解资源配置的基本手段。

（3）了解市场经济的含义。

（4）知道市场决定资源配置是市场经济的一般规律。

（5）理解市场配置资源的具体机制。

（6）知道市场配置资源的优点。

（7）懂得建立公平公正的市场秩序及公平、开放、透明的市场规则的必要性。

（8）了解市场规则的基本形式。

（9）理解建立健全社会信用制度的必要性和主要内容。

（10）理解市场失灵的主要原因及导致的后果。

2. 能力目标

（1）全面认识市场配置资源优缺点。

（2）把握市场机制有效发挥作用的具体条件。

（3）针对市场失灵，提出合理的政府干预对策。

3. 情感、态度与价值观目标

（1）树立合理配置资源与节约资源的意识。

（2）树立竞争意识，培养开拓进取的精神。

（3）了解社会主义市场经济在正确处理政府与市场关系方面的优势，坚定社会主义信念。

（4）树立自觉遵守、维护市场秩序与规则的观念，抵制一切扰乱市场秩序的行为。

（5）培养诚信为本、操守为重的良好道德品质和个人行为习惯。

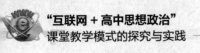

4. 核心素养目标

培养学生对我国相关经济制度的政治认同，培养学生遵纪守法的法治意识，培养学生的诚信意识和公共参与能力。

【课程标准的基本要求】

阐释市场是资源配置的基础，分析用法律和道德规范市场秩序的重要性，阐明发展社会主义市场经济的意义。

【教学重难点】

（1）教学重点：市场配置资源的机制，市场配置资源的优缺点，规范市场秩序，建立健全社会信用制度。

（2）教学难点：市场准入规则、竞争规则、交易规则，公共物品。

【教学设想】

本节课的教学以高中新课程的基本理念为依据，以多媒体为辅助教学手段，创设情境、设置议题问题、师生共同探究。

本课所涉及的"市场配置资源"的有关知识涉及比较多的时政热点知识，网络资源特别丰富，因此采用"互联网+"的教学模式。

1. 课前准备

（1）学生预习本课知识并构建知识网络，并上传作业。

（2）上网收集有关市场配置资源的相关资料。

2. 课堂教学

通过"新课导入—自主学习—自主探究—自我升华"四个环节，将学生课前收集到的资料在课堂上展示出来，对学生收集的资料进行整理和归纳，将零散的知识系统化、条理化。

3. 课后巩固

通过课后练习和训练，进行巩固和升华，继续构建知识网络，培养学生获取资料、提取信息和整理信息的能力。

【教学方法】

以情境教学法、议题式教学法、探究式教学法为主。

【教学过程】

教学过程	教学内容	师生活动
学习任务	通过微课推送：市场是如何配置资源的？市场配置资源有什么优点？如何规范市场秩序？构建本课的知识网络图。	教师在课前通过互联网推送微课，学生在网上学习并完成教师布置的任务。
新课导入	视频导入：珠海的共享单车给我们的生活带来了便利，解决了出行的最后一公里的问题。 共享单车是指企业在校园、地铁站点、公交站点、居民区、商业区、公共服务区等场所提供自行车共享服务，是一种分时租赁模式。共享单车实质是一种新型的交通工具租赁业务——自行车租赁业务，其主要依靠"互联网+自行车"，可以很充分地利用城市因快速的经济发展而带来的自行车出行萎靡状况，最大化地利用了公共道路通过率。它低碳、环保、方便、使用成本低廉，同时起到锻炼身体的作用。共享单车在各大城市中被广泛使用，解决了出行最后一公里的问题，方便了我们的生活，其规模也日渐壮大。 （1）提供共享单车需要哪些生产要素？ （2）如何合理配置生产共享单车的资源呢？这给我们什么启示？	利用生活案例的导入激发学生学习的兴趣和探究问题的积极性。
自主学习检验	（1）摩拜单车的成功激励着一批批相信"只要在风口上，猪都能飞起来"的创业者一窝蜂地奔向了共享行业。2017年以来，共享单车迎来竞争最激烈的一年，共享单车在某些城市已出现了市场饱和，一些小型公司因为融资困难倒闭。这充分反映了市场调节存在的固有弊端。下列选项中，最能体现市场调节盲目性的是（D）。 A.有利可图→追逐利益→可能导致不择手段 B.价格涨跌→调整生产→可能导致事后调节 C.供求失衡→闻价而行→可能导致两极分化 D.信息不全→决策失误→可能导致一哄而上 （2）市场经济以市场为基础进行资源配置，会给整个国民经济带来高效益，这是因为（B）。	学生通过自主学习，了解关于本课的一些知识点。 参考答案： （1）D （2）B （3）B

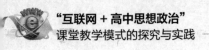

续　表

教学过程		教学内容	师生活动
自主学习检验		① 市场能够通过价格涨落及时、灵敏地反映市场供求变化，传递市场供求信息，实现资源的合理配置 ② 市场竞争能使资源由供过于求的行业流入供不应求的行业，必然导致两极分化 ③ 市场竞争能给市场主体以强大的压力和动力，刺激生产者提高劳动生产率，实现优胜劣汰 ④ 市场配置资源具有准确性的特点 A.①②　　B.①③　　C.②④　　D.③④ （3）2017年3月5日，全国政协委员白岩松表达了自己对中国媒体市场的担忧："炒菜的人越来越多，而种地产好粮食的却在减少。"对于此现象，政府应该（B）。 ① 加强市场监管，打击媒体违规炒作行为 ② 加大资金及人才投入，提供优质新闻产品 ③ 严格管理，引导媒体以社会效益为经营导向 ④ 加强新闻产品的知识产权保护，保障"种粮"媒体的利益 A.①③　　B.①④　　C.②③　　D.②④ （4）近几年，汽车大量进入我国家庭，汽车市场十分火爆。面对庞大的汽车购买力，国外汽车生产企业纷纷涌入我国。国内汽车生产企业争相扩大生产规模。许多原本不生产汽车的企业也试图涉足汽车产业。激烈的竞争迫使各家企业纷纷大幅下调汽车价格，迫使一部分汽车生产者退出汽车生产领域。 上述材料中，市场是如何调节资源配置的？	（4）在市场经济中，市场配置资源主要通过价格、供求、竞争等来进行。在市场经济中，生产什么、如何生产和为谁生产，是通过价格的涨落及供求行情的变化，由市场来安排和调整的。哪种商品在市场上好卖，人们就扩大生产；哪种生产要素的价格昂贵、供应紧张，人们就减少这种要素的使用，以尽量降低成本。好像市场中有一只"看不见的手"，在引导着商品生产者、经营者，调节人、财、物在全社会范围内的配置。
自主探究	探究活动1	材料：速途研究院发布的《2016年中国共享单车市场报告》显示，2016年共享单车市场规模达到0.49亿元，2017年市场增速将会继续提升，预计达到1亿元，用户将达742.1万人。 预计2017年中国汽车共享出行用户的直接需求将由816万次/天快速增长至3700万次/天，市场容量也将有望由660亿元/年增长至3800亿元/年，潜在市场容量巨大，更有望达到1.8万亿元。 探究活动1： （1）假如你是共享单车生产企业的负责人，你会捕捉到哪些重要的市场信息？ （2）根据以上信息，你会如何决策？	通过真实的情境导入，设置相关问题，引发学生思考和讨论，解决问题：为什么要进行资源配置？如何进行资源配置？

教学过程		教学内容	师生活动
自主探究	探究活动2	材料一：国内的共享单车产业自2016年开始兴起，共享单车企业从几个扩展到20多家，车辆达数百万辆，用户迅速增到1900万。ofo已连接了1000万辆共享单车，累计向全球18个国家、超200座城市、超过2亿用户提供了超过40亿次的出行服务。 材料二：各路资金涌入共享单车租赁市场，摩拜单车融资31亿元，2016年下半年，行业融资额已超30亿元，该行业的竞争也越来越激烈。随着共享单车企业增加，共享单车的收费也在大幅度下降，ofo推出了一周免费骑后又推出1元包月，摩拜还推出了充值返现活动、8.8元包月，其他共享单车也纷纷打折促销。 探究活动2：面对共享单车日趋激烈的竞争局面，你又该怎么办？	通过设置相关情境，引发学生思考，解决问题：市场如何配置资源。
	探究活动3	材料：共享单车租用价格便宜，为每半小时0.5元、1元不等，方便居民短途出行，畅想低碳健康绿色生活，颇受市场欢迎。2017年6月共享单车用户规模已达到1.06亿，并且共享单车项目在短短几个月内获得了数亿美元的融资，眼看着ofo、摩拜、永安这些品牌红遍大江南北，其他厂商也想入局共享单车了。2016年至少有27个共享单车品牌汹涌入局，以致行业内竞争火爆。2017年有几家小型企业倒闭，退出共享单车领域。海尔无线与酷骑联合推出"24k金"共享单车。此单车可随时充电，自动调节座椅，环保实心内胎，车轮采用镁合金材质、进口硅胶坐垫和炫酷金设计。 探究活动3：在共享单车行业的发展过程中，市场机制是如何发挥作用的？	通过设置相关情境，引发学生思考，解决问题：市场配置资源的优点。
	探究活动4	材料：看到了共享单车的广阔前景，各路资金涌入该行业，许多共享单车企业盲目扩张；共享单车行业相互"厮杀"，大打"价格战"，打折降价的同时，很多商家出现亏损。悟空、盯盯、酷骑、小蓝、小鸣等共享单车企业出现经营困境、押金难退的现象。近期，消协收到了大量消费者关于共享单车押金难退的投诉，还有一些消费者要求消协要对相关企业提起诉讼。	通过设置相关情境，引发学生思考，解决问题：市场调节的弊端，完善市场秩序的重要性，如何完善市场机制。

教学过程		教学内容	师生活动
自主探究	探究活动4	共享单车也在制造着一系列的社会问题，例如共享单车停放不规范，随意占道，造成路面堵塞、拥挤；使用者恶意破坏，占为已有；容易引发交通事故；产生许多废弃的共享单车"坟场"，目前上海共享单车达到150万辆，北京超过200万辆，深圳超90万辆，不仅造成了城市管理资源的浪费，也变成了"共享浪费"等。 探究活动4： （1）为什么会出现这些现象？ （2）这对共享单车行业有何影响？ （3）针对材料中的问题，为促进共享单车行业的健康发展提建议。	
自我升华		李克强总理在2017年的《政府工作报告》中提出："支持和引导分享经济发展，提高社会资源利用效率，便利人民群众生活。" 李克强总理在2019年《政府工作报告》中指出，促进新兴产业加快发展。深化大数据、人工智能等研发应用，培育新一代信息技术、高端装备、生物医药、新能源汽车、新材料等新兴产业集群，壮大数字经济。坚持包容审慎监管，支持新业态新模式发展，促进平台经济、共享经济健康成长。加快在各行业各领域推进"互联网+"。 有限的资源和无限的人类需求之间的矛盾要求我们合理配置资源，提高资源的利用效率。在社会主义市场经济条件下，既要发挥市场对资源配置的决定性作用；又要建立和完善市场秩序，健全法律法规、行业规范、市场道德规范的同时，建立健全社会信用体系，从而促进市场经济的健康有序发展。	对知识进行总结和升华。
评价反馈		**（一）单项选择题** （1）共享单车作为共享经济的一种新形态，指的是企业与政府合作，在校园、地铁站点、公交站点、居民区、商业区、公共服务区等区域提供单车共享服务。这表明共享单车模式可以（B）。 ①整合社会资源，提供优质公共服务 ②完善消费结构，提高居民消费水平 ③发挥财政作用，促进经济平稳运行 ④引导绿色出行，建设环境友好型社会 A．①③　　B．①④　　C．②③　　D．②④	通过设置相关练习，帮助学生及时巩固所学知识。 参考答案： （1）B （2）A （3）B （4）C （5）A

续 表

教学过程	教学内容	师生活动
评价反馈	（2）（2017年高考全国卷Ⅰ.13）某地政府逐步将市政道路、地下管网、污水和垃圾处理、土壤和水土修复等公益类项目和非运营类项目向社会开放，允许企业参股投资和经营。这一做法的目的在于（A）。 ① 发挥不同所有制经济的优势 ② 提高公益类项目的运营效率 ③ 让市场决定公共资源的配置 ④ 逐步建立国有资本退出机制 A.①② 　 B.①③ 　 C.②④ 　 D.③④ （3）（2019年高考江苏卷.8）近年来，随着"放管服"改革的深化，政府管理的价格已不足3%，中央层面核准项目数量累计减少90%以上，告知性备案项目占企业投资项目的比重超过90%。这些改革举措有利于（B）。 A.加强政府宏观调控 　 B.激发民间投资的活力 C.缩小政府财政赤字 　 D.增强民营企业竞争力 （4）（2019年高考江苏卷.10）2019年《政府工作报告》提出，按照竞争中性原则，在要素获取、准入许可、经营运行、政府采购和招投标等方面，对各类所有制企业平等对待。实行竞争中性原则（C）。 ① 表明国有企业已真正成为独立的市场经济主体 ② 旨在营造各类所有制企业公平竞争的市场秩序 ③ 有利于更好地发挥市场在资源配置中的决定件作用 ④ 意味着政府强化政策扶持以增强小微企业竞争优势 A.①③ 　 B.①④ 　 C.②③ 　 D.②④ （5）（2019年西安模拟）2019年3月28日，国家市场监督管理总局发出公告，征求调整保健食品保健功能意见，拟取消"美容/改善皮肤油分""促进生长发育/改善生长发育""促进泌乳"等保健功能。专家论证认为，这些保健功能声称与现行的保健食品监管定位和健康需求不契合，特别是针对少年儿童、孕妇、乳母等特殊人群的保健功能应当实行更为严格的监督管理，应予取消。加强保健品市场管理需要（A）。	

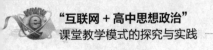
续 表

教学过程	教学内容	师生活动
评价 反馈	① 运用经济的、法律的、行政的手段进行有效调节 ② 完善和加强国家的宏观调控 ③ 根据患者的需要和保健品的质量，降低价格 ④ 减少流通环节和减免征收，降低生产成本 A.①② B.①③ C.②④ D.③④ （二）阅读材料，回答问题 材料一：（2019年西安模拟） 2013年—2018年中国鲜花电商行业市场规模及增速 注：2015年陆续入场的日常鲜花企业，将鲜花带入大众消费视野。2017年中国电商行业市场规模为124.1亿元，其中日常消费占比约5%，与欧美发达国家40%~60%的消费比例相差甚远。 材料二：随着我国居民人均收入的进一步提高，鲜花消费总量提升，但传统鲜花产业在种植结构、技术效率、采后管理、交易流通等多方面存在痛点，无法匹配迅速发展的消费市场。 （1）结合材料一指出其蕴含的经济信息。 （2）结合材料一、二，运用经济生活的知识，分析说明鲜花产业应如何适应迅速发展的消费市场。	参考答案： （1）①我国电商鲜花市场规模在逐步扩大，消费需求增加，特别是2016年鲜花消费更为明显；②与欧美发达国家相比，鲜花消费相差甚远，说明消费潜力仍较大。 （2）①转变经济发展方式，改变传统鲜花产业的种植结构和技术水平，向高端化、品质化转变；②根据市场需求，根据消费升级情况，培育新的消费群体和消费习惯；③借助电商优势、宅配鲜花等新型消费模式，拓展终端消费需求市场。

续 表

教学过程	教学内容	师生活动
评价反馈	（三）教学反馈 根据高一学生的身心发展和认知水平，采用情境教学法，以讨论式、探究式教学法为主。之所以选用共享单车作为案例，是因为这两年分享经济正如火如荼地发展，共享单车成为2017年和2018年分享经济的代表，它为我们的生活带来便利的同时，也产生了一些经济和社会问题。将共享单车问题贯穿整课，通过几个案例探究，解决了为什么要进行资源配置、如何进行资源配置、资源配置的优点、如何完善市场秩序等问题，通过探究和讨论，共同得出结论，教育教学效果良好。	

（徐积先）

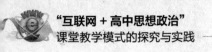

中国经济发展进入新时代

【教学目标】

1. 知识目标

识记党的十八大以来我国所取得的成就，理解我国进入新时代的社会主要矛盾，明确我国下一阶段的奋斗目标。

2. 能力目标

培养学生辩证分析我国经济与社会发展状况的能力，提高学生理论联系实际、合作探究调查实践的能力。

3. 情感、态度与价值观目标

增强学生为实现中华民族伟大复兴的中国梦而奋斗的使命感与责任感。坚定不移地跟党走，听党的话，认同社会主义现代化国家的奋斗目标，坚定中国特色社会主义道路自信。

4. 核心素养目标

通过了解中华人民共和国成立70年来取得的伟大成就，人们生活发生的翻天覆地的变化等增强学生的政治认同感，坚定中国特色社会主义道路自信。在分析新时代的社会主要矛盾的过程中让学生辩证地看待国家经济社会发展，培养学生的科学精神。通过调查近年来珠海和自己的生活所发生的变化，调查周围的人对美好生活有哪些需要等，来提升学生的公共参与素养。

【教学重难点】

（1）教学重点：新时代的社会主要矛盾及新发展理念。

（2）教学难点：经济增长与经济发展，我国经济已由高速增长转向高质量发展阶段。

【教学设想】

（1）通过播放歌曲视频"拥抱新时代"，激发学生的兴趣，让学生感受中国特色社会主义进入了新时代。

（2）教学过程中，让各组学生代表展示调查成果，从学生实际出发创设教学情境和问题，引导学生合作探究，培养学生积极思考、主动参与的良好习惯。

（3）让学生谈谈自己的职业梦想，在实现"两个一百年"奋斗目标的伟大征程中，自己该如何担当，提高学生的使命感与责任感。

（4）让学生有感情地诵读《习近平总书记在纪念五四运动100周年大会上的重要讲话》中对青年人的寄语节选，增强学生的爱党爱国情怀，升华情感。

【教学方法】

在互联网环境下，利用平板电脑等终端设备，采用视频导入法、活动探究法、合作讨论法、情感升华法等开展教学。

【教学过程】

教学过程	教学内容	师生活动
学习任务	（1）学生观看微视频"历史性的变革"，预习课本并构建本课知识点，将思维导图上传到智慧课堂系统的作业平台。 （2）完成自主预习检测题目并上传，作业平台自动将学生的作答情况进行数据分析，及时反馈学生的学习情况。 （3）学生以小组为单位，调查中华人民共和国成立70年来，尤其是近年来珠海和自己的生活所发生的变化。 （4）学生以小组为单位，通过采访、微信、电话等多种形式，分别调查同学、家人、老师、邻居等，了解周围人对美好生活有哪些需要。	课前，教师在网上发布学习任务清单，学生完成后在网上提交。学生在课前观看微视频、上网完成自主学习检测题目等，通过采访、电话、互联网等方式调查收集相关资料，阅读教材完成学习任务。
新课导入	播放歌曲视频《拥抱新时代》。	学生观看视频，感受中国特色社会主义进入了新时代，激发兴趣，为正式授课做准备。

续 表

教学过程		教学内容	师生活动
自主探究	探究活动1	（新时代　新变革） （1）播放教师自己编辑制作的微视频"历史性的变革"，微视频主要讲述党的十八大以来我国经济社会发展取得的巨大成就。 （2）中华人民共和国成立70年来，我国的发展日新月异，人们的生活也发生了翻天覆地的变化。请学生结合自己的实际来谈谈近年来珠海和自己的生活都发生了哪些变化。 合作探究： 联系微视频及各组学生代表所展示的事例，近年来，我国经济社会发生了哪些巨大的变化？请分析发生变化的原因，完成下面的表格。 | 成就 | 原因 | 具体表现 | |---|---|---| |（1）经济建设取得重大成就 | 贯彻新发展理念 | | |（2）人民生活不断改善 | 贯彻以人民为中心的发展思想 | | |（3）生态文明建设成效显著 | 贯彻绿色发展理念 | |	学生观看视频，各组学生代表通过平板电脑展示近年来珠海和自己的生活所发生的变化。通过微信群自由探讨、交流，合作探究完成表格。
	探究活动2	（一）展示成果 课前通过采访、微信、电话等多种形式了解周围的人对美好生活有哪些需要（以小组为单位，分别负责调查同学、家人、老师、邻居等）。 另外的小组通过互联网等查找反映我国区域、城乡、居民收入等存在差距，发展的质量和效益不够高，供给的水平不够高的具体事例。在课堂上，各组派代表展示调查的成果。 （二）合作探究 结合各小组的调查成果，分析制约满足人民美好生活需要的主要因素。 得出结论：＿＿＿＿＿＿＿＿＿＿＿＿＿＿＿＿＿。 （三）新时代的社会主要矛盾（新时代 新愿景） （1）新时代社会主要矛盾的含义。（是什么？） 人民日益增长的美好生活需要和不平衡不充分的发展之间的矛盾。	学生以小组为单位，派代表展示调查的成果。 通过亲身调查，学生更能体会人民日益增长的美好生活需要和不平衡不充分的发展之间的矛盾，并学会分析新时代的社会主要矛盾的解决措施。

续 表

教学过程		教学内容	师生活动
自主探究	探究活动2	（2）如何理解新时代的社会主要矛盾。（为什么？） 发展不平衡的表现：区域、城乡、居民收入及经济建设水平与文化、社会、生态文明建设水平之间的不平衡。 发展不充分的表现：发展的质量和效益不够高，供给的水平不够高，还不能完全满足人民群众美好生活的需求。 （3）新时代的社会主要矛盾的解决措施。（怎么办？） ①着力解决发展不平衡不充分问题。 ②坚持"两个没有变"。 ③坚持党在社会主义初级阶段的基本路线。	
自主探究	探究活动3	**（一）开启新征程（新时代 新征程）** 1."两个一百年"奋斗目标 2021年　　建党一百周年 2049年　　中华人民共和国成立一百周年 2."两个阶段"的战略安排：分步实施 2020年　　全面建成小康社会 2035年　　基本实现现代化 2050年　　建成社会主义现代化强国 **（二）合作探究** 2020—2021年的你在干什么？ 2035年的你在干什么？ 2049—2050年的你在干什么？ 你的职业梦想是什么？在实现中华民族伟大复兴的中国梦的伟大征程中，你将如何担当？	学生通过智慧课堂的随意抽签或者抢答功能获得回答机会，调动学生积极性，让学生谈谈自己的职业梦想，在实现"两个一百年"奋斗目标和中华民族伟大复兴的中国梦的伟大征程中，自己该如何担当，提高学生的使命感与责任感。
自我升华		诵读寄语　奋发图强 在音乐伴奏中，全班有感情地诵读《习近平总书记在纪念五四运动100周年大会上的重要讲话》中对青年人的寄语节选： 新时代中国青年要珍惜这个时代、担负时代使命，在担当中历练，在尽责中成长，让青春在新时代改革开放的广阔天地中绽放，让人生在实现中国梦的奋进追逐中展现出勇敢奔跑的英姿，努力成为德智体美劳全面发展的社会主义建设者和接班人。	全班学生有感情地诵读《习近平总书记在纪念五四运动100周年大会上的重要讲话》中对青年人的寄语节选，增强学生的爱党爱国情怀，升华情感。

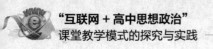

续 表

教学过程	教学内容	师生活动
评价反馈	**（一）教学评价** （1）习近平总书记在党的十九大报告中指出："我国社会主义主要矛盾转化为人民日益增长的美好生活需要和不平衡不充分的发展之间的矛盾。"下列措施着眼于解决发展不平衡的是（D）。 ①规范隐性收入，取缔非法收入 ②统筹城乡发展，推动城乡发展一体化 ③坚持按劳分配，提高经济效率 ④加强社会建设，促进公共服务均等化 A.①③　　B.②③　　C.①④　　D.②④ （2）习近平在山东考察时指出，农业农村工作，说一千，道一万，增加农民收入是关键。要加快构建促进农民持续较快增收的长效政策机制，让广大农民都尽快富起来。广大农民富起来的积极意义在于（A）。 ①有利于开拓农村市场，拉动内需 ②有利于实现全面建成小康社会的奋斗目标 ③推进城乡发展一体化，实现农业反哺工业 ④破解城乡二元结构，实现城乡同步富裕 A.①②　　B.③④　　C.②③　　D.①④ （3）当前，打造中国经济"升级版"的动力之源，就在科技创新上，就在以加快从要素驱动、投资规模驱动发展为主向以创新驱动发展为主的转变上。这也是中国经济稳住中高速增长、迈向中高端水平的关键所在。发展动力转变的合理传导路径是（A）。 ①打开经济增长新空间 ②培育发展新兴产业 ③倒逼供给质量的提高 ④刺激居民消费需求 A.④—③—②—①　　B.②—③—④—① C.③—④—②—①　　D.②—④—③—① **（二）教学反馈** 本框是"经济生活"第四单元第十课第一框的内容，是党的十九大后的新内容。在教学过程中，分为"新时代新变革""新时代新愿景""新时代 新征程"三个环节展开，环环相扣，层层递进。本课的知识点相对不多，内容较容易理解。	1.学生通过平板电脑上传自己的答案。 参考答案： （1）D （2）A （3）A 2.教师根据学生上传的答案，即时了解学生答案的准确率，讲评绝大多数的错题。还可发送类似的题继续训练，直至这个知识点过关为止。 学生通过平板电脑自主完成三维训练的题目，作业平台自动将学生的作答情况进行数据分析，及时反馈学生的学习情况，有效提升教学效率。

续 表

教学过程	教学内容	师生活动
评价 反馈	教学中注重发挥学生的主体作用，比如让学生调查中华人民共和国国成立70年来，尤其是近年来珠海和自己的生活所发生的变化；调查同学、家人、老师、邻居等，了解周围的人对美好生活有哪些需要；让学生谈谈自己在实现"两个一百年"奋斗目标和中华民族伟大复兴的中国梦的伟大征程中该如何担当等。学生从身边事例和具体活动中体验，主动探究，收到了良好的教学效果。增强了学生为实现中华民族伟大复兴的中国梦而奋斗的使命感与责任感，进一步坚定中国特色社会主义道路的自信。	

（赵洪进、赵慧清）

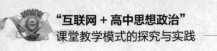

贯彻新发展理念　建设现代化经济体系

【教学目标】

1. 知识目标

（1）我国经济发展已经由高速增长转向高质量发展阶段。

（2）推动高质量发展，破解发展难题，厚植发展优势。

（3）创新发展，解决发展动力问题；协调发展，解决发展不平衡问题；绿色发展，解决人与自然和谐共生问题；开放发展，解决发展内外联动问题；共享发展，解决社会公平正义问题。

（4）我国发展的战略体系。

（5）现代化经济体系。

（6）大力发展实体经济。

2. 能力目标

（1）准确把握新发展理念的内涵。

（2）根据实际情况运用新发展理念对经济社会发展提出合理化的建议。

（3）运用马克思主义的观点，评析不同发展观。

（4）理解国民经济重大战略。

3. 情感、态度与价值观目标

牢固树立新发展理念；增强创新精神和自主创新意识；增强节约意识和忧患意识，培养学生的政治认同感和公共参与能力；树立环保意识，养成环保行为习惯。

4. 核心素养目标

树立追求真理、热爱科学、尊重规律的科学精神，培养学生的科学精神；坚定热爱祖国、热爱社会主义、热爱党的信念，培养学生的政治认同感。

【课程标准的基本要求】

说明全面建设小康社会最根本的是以经济建设为中心，不断解放和发展生产力。

【教学重难点】

（1）教学重点：正确理解和全面把握新发展理念，建设现代化经济体。

（2）教学难点：大力发展实体经济，供给侧结构性改革。

【教学设想】

以建构主义理论为教学指导思想，以多媒体为辅助教学手段，创设情境、设置议题问题、师生共同探究。

本课所涉及的"贯彻新发展理念 建立现代化经济体系"的有关知识涉及比较多的时政热点知识，网络资源特别丰富，因此采用"互联网+"的教学模式。

1. 课前准备

（1）学生自主学习教师自主制作的微课，预习本课知识并构建知识网络，上传作业。

（2）学生上网搜集有关建设大湾区的相关资料。

2. 课堂教学

通过"新课导入—自主学习—自主探究—自我升华"四个环节，将学生课前收集到的资料在课堂上展示出来，对学生收集的资料进行整理和归纳，将零散的知识条理化和系统化。

3. 课后巩固

通过课后练习和三维训练，进行巩固和升华，继续构建知识网络，培养学生获取资料、提取信息和整理信息的能力。

【教学方法】

以情境教学法、议题式教学法、探究式教学法为主。

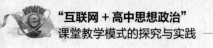

【教学过程】

教学过程	教学内容	师生活动
学习任务	（1）课前观看教师自己制作的微课"如何树立新发展理念？" （2）思考以下问题： ① 新发展理念的内涵是什么？ ② 树立创新发展理念的原因是什么？怎么树立创新发展理念？ ③ 树立协调发展理念的原因是什么？怎么树立协调发展理念？ ④ 树立绿色发展理念的原因是什么？怎样树立绿色发展理念？ ⑤ 树立开放发展理念的原因是什么？怎么开放创新发展理念？ ⑥ 树立共享发展理念的原因是什么？怎么共享协调发展理念？ ⑦ 如何建立现代化经济体系？ （3）自主构建本课的知识结构图。	课前利用互联网发布微课，让学生自主学习，并预习本课的相关内容和构建本课的知识结构图。
新课导入	视频导入：《建设粤港澳大湾区》。	播放视频激发学生兴趣，引发学生思考。
自主学习检验	1. 建设粤港澳大湾区，既是新时代推动形成全面开放新格局的新尝试，也是推动"一国两制"事业发展的新实践。近年来，粤港澳合作不断深化实化，粤港澳大湾区经济实力、区域竞争力显著增强，已具备建成国际一流湾区和世界级城市群的基础条件。建设粤港澳大湾区可以（C）。 ① 促进粤港澳建立经济战略性同盟，推动区域经济协调发展 ② 优化区域分工及其产业布局，促进生产要素自由有序流动 ③ 调整经济结构和空间结构，构建统一开放的现代市场体系 ④ 打破粤港澳区域经济发展障碍，促进粤港澳地区同步发展 A.①② 　　B.①④ 　　C.②③ 　　D.③④	设置问题，检验学生课前预习知识的成效。

教学过程		教学内容	师生活动
自主学习检验		2."粤港澳大湾区发展规划纲要"的一个亮点就是惠商与惠民的结合：过去的改革开放，粤港澳的合作更多是在投资方面、产业方面，政府之间；现在的发展规划，很大篇幅都与惠民相关，也就是与老百姓的生活、粤港澳的优质生活圈直接相关，如人文社区、休闲湾区、就业创业空间、健康湾区等。加强粤港澳的合作（A） ① 加强对粤港澳地区的投资，促使经济发展，增加就业 ② 投入大、周期长、社会效益高，应由国家财政全部承担投资费用 ③ 会促使经济资源的流动更加便捷，推动粤港澳地区高质量发展 ④ 铁路基建、机车设备为主要受益行业，旅游、商贸行业不会有明显影响 A.①③ B.①④ C.②③ D.②④	
自主探究	探究活动1	展示材料：中央决定将粤港澳大湾区的建设上升为国家战略，正是期望大湾区能够顺应全球发展潮流，更好地发挥港澳作为自由开放经济体和广东作为改革开放排头兵的优势，建设国际一流大湾区和世界级城市群，成为扎实推进高质量发展的示范。11个城市的相互协作、优势互补，发挥协同效应，达到粤港澳地区整体发展的目的，并以此辐射周边，带动宏观经济的增长，把大湾区建设成为宜居宜业的优质生活圈，使人民共享发展成果。 结合材料，用所学经济生活知识，探究以下问题： （1）建设粤港澳大湾区体现了什么发展理念？ （2）为什么要树立这些新发展理念？ （3）在建设大湾区中如何贯彻落实这些新发展理念？	设置情境，通过情境问题，让学生探究相关问题。 （1）创新、协调、绿色、开放、共享五大发展理念。 （2）原因：中国特色社会主义进入新时代，我国经济发展也进入新时代，经济发展已由高速增长阶段转向高质量发展阶段。推动高质量发展，破解发展难题，厚植发展优势，必须牢固树立并切实贯彻创新、协调、绿色、开放、共享的发展理念。 （3）学生通过探究回答，了解五大发展理念的具体举措。

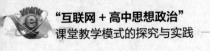

续表

教学过程		教学内容	师生活动
自主探究	探究活动2	展示材料：粤港澳大湾区内既有世界最完善的制造业，也有全球最自由的贸易港口和国际金融中心，还有世界旅游休闲中心，经济总量近10万亿元人民币。党的十九大提出，要以粤港澳大湾区建设、粤港澳合作、泛珠三角区域合作等为重点，全面推进内地同香港、澳门互利合作。2018年12月，中央经济工作会议提出，要推动粤港澳大湾区成为引领高质量发展的重要动力源。2019年2月18日，国务院印发《粤港澳大湾区发展规划纲要》，提出要把粤港澳大湾区建设成为充满活力的世界级城市群，具有全球影响力的国际科技创新中心，"一带一路"建设的重要支撑，内地与港澳深度合作示范区，宜居宜业宜游的优质生活圈。阅读相关材料后，探究问题：结合材料和经济知识，说明建设粤港澳大湾区的意义。	设置情境，通过情境问题，让学生分组探究相关问题。
	探究活动3	播放视频：全国两会代表委员热议大湾区。建言献策：（模拟两会）分成港澳代表团、广深代表团、珠海代表团、其他地方代表团，就如何根据各自的优势和短板，抓住大湾区发展机遇，促进大湾区经济社会高质量发展进行讨论并写出提案。	设置情境，通过情境问题，让学生探究相关问题。模拟两会代表，进行角色扮演，解决重难点问题。归纳出建设现代化经济体系，要大力发展实体经济，巩固现代化经济体系的坚实基础；要实施乡村振兴战略；要实施区域协调发展战略等。
	探究活动4	展示材料：粤港澳大湾区虽然地理上一衣带水，但内部的经济体制却十分复杂，既有"一国两制"方针下的香港和澳门两个特别行政区和自由港，又有深圳、珠海两个经济特区，还有南沙、前海蛇口和横琴三个自由贸易试验区，制度与规则差异，使境内外协作有难度；发展悬殊，港、深、广一线城市经济实力强。惠、江、肇经济发展滞后，产业结构偏于传统，某些城市缺乏引领发展的支持性创新型产业和企业；交通短板，江河隔阻，多山多河，交通连接度弱；空间制约，资源能源趋紧；生态环境压力增大，人口红利逐步减退。粤港澳人才资质互认、科技资金使用、通关便利化等方面还存在诸多障碍。	依托材料和问题，提高学生读取材料、获取信息和阐释问题的能力。

教学过程		教学内容	师生活动
自主探究	探究活动4	针对上述问题，请结合经济生活的有关知识说明如何推动大湾区高质量发展。	
自我升华		建设大湾区是国家的重要战略任务，在建设大湾区的过程中不仅要树立创新、协调、绿色、开放、共享的五大新发展理念，还要转变经济发展方式，建立现代化经济体系，避免经济发展脱实向虚，大力发展实体经济，实施乡村振兴战略，统筹区域发展。今天你们这一代是大湾区的建设者，你们是湾区建设的生力军。未来大湾区的发展将大有可为。 （1）请学习小组展示本课知识结构图。 （2）请你为建设大湾区拟三条宣传标语。	归纳知识，落实知识，实现情感、态度与价值观的升华。 学生讨论后回答。
实践活动		请你走访和调查珠海市在经济发展中存在什么问题，有什么优势，珠海如何利用自身优势解决存在的问题，在大湾区建设中贡献自己的力量。针对以上内容，写一篇500字左右的政治小论文。	通过实地调查研究，找出问题，并解决问题。
评价反馈		**（一）阅读材料，回答问题** （2018年高考全国卷I.38）近年来，随着经济进一步发展和国家全民健身战略的不断推进，国内掀起了马拉松热。2011年中国马拉松赛事仅有22场，2017年增加到1100场。据预测，2020年中国马拉松赛事将达1900场。 马拉松赛事的参与人数多、涉及领域广，2017年参加马拉松比赛的人次超过500万，覆盖全国234个城市，赛事带动安保、保健、住宿、餐饮、旅行、体育文化等服务业的发展。据测算，2017年全国马拉松主办方的直接营业收入超过270亿元，主办城市的间接收入超过1350亿元。	通过课后作业巩固所学知识。

续 表

教学过程	教学内容	师生活动
评价 反馈	结合材料，运用经济知识分析近年来我国马拉松热的驱动因素。 参考答案： （1）居民收入增加，消费结构升级，推动马拉松赛事的需求上升。 （2）马拉松赛事覆盖面宽，商业价值大，促进赛事的供给增加。 （3）赛事带动相关服务业发展，服务业发展又进一步促进赛事。 （4）全民健身战略实施促进经济结构转型升级，支持马拉松赛事发展。 （二）教学反馈 本堂课的内容比较难，课前要让学生充分预习。授课中，结合建设大湾区的相关时政热点材料，设置相关情境。通过生活化的情境教学，力求所设置的探究问题符合学生生活实际和思维特点，引发学生思考和讨论，对学生的回答进行及时有效的点拨和提升。课后，设置有针对性和梯度的问题来巩固相关知识。	

（徐积先）

民主决策：做出最佳选择

【教学目标】

1. 知识目标

（1）了解公民参与民主决策的渠道。

（2）理解公民参与民主决策的意义。

（3）培养学生理论联系实际的能力，逐步提高公民参与民主决策的实际本领。

2. 能力目标

（1）通过课前自主学习环节中的"知识建构"培养学习归纳知识、整合知识的能力。

（2）创设情境，采用设问法、讲授法，培养学生分析问题的能力。

3. 情感、态度与价值观目标

珍惜自己的民主权利，增强主人翁意识，关心祖国的前途命运，增强学生热爱祖国的情感，引导学生主动参与探究，培养团结合作的精神。

【教学重难点】

（1）教学重点：公民参与民主决策的渠道。

（2）教学难点：社会听证制、决策的科学化与民主。

【教学设想】

本节课的教学以高中新课程的基本理念为依据，以多媒体为辅助教学手段，创设情境、设置议题问题、师生共同探究。

本课所涉及的"民主决策：做出最佳选择"的有关知识有比较多的时政热

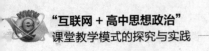

点知识，网络资源特别丰富，因此采用"互联网+"的教学模式。

1. 课前准备

（1）学生预习本课知识并构建知识网络，上传作业。

（2）上网收集有关珠海市城市改造的相关资料。

2. 课堂教学

通过"新课导入—自主学习—自主探究—自我升华"四个环节，将学生课前收集到的资料在课堂上展示出来，对学生收集的资料进行整理和归纳，将零散的知识条理化、系统化。

3. 课后巩固

通过课后练习和三维训练，进行巩固和升华，继续构建知识网络，培养学生获取资料、提取信息和整理信息的能力。

【教学方法】

以情境教学法、讨论式教学法、探究式教学法为主。

【教学过程】

教学过程	教学内容	学生活动
学习任务	微课推送相关任务：为什么要进行民主决策？公民通过哪些渠道参与民主决策？公民参与民主决策的作用和意义是什么？ 学生自主构建本课的知识网络图。	学生在课前上网观看视频和阅读教材，完成学习任务。完成学习任务后在网上提交。
新课导入	视频导入： 由珠海市公路局牵头，珠海城建地产公司代建的主城区38条道路改造及美化工程提升效果显著，配合新栽植的苗木，已经成为珠海一道新的城市风景线。而7月1日前，列入改造范围的其余道路施工将全面启动。珠海市道路改造将便利珠海市民的出行，但改造中周边的交通和市民的出行将受到影响。 就珠海市道路改造问题，需要市政府进行决策，有两种决策方式可选：一是政府组织少数专家学者参与决策，另一种是让公民参与决策。	通过珠海市主城区改造的问题引出话题，公民要参与民主决策的原因及公民参与决策的方式：一方面，公民通过民主选举间接参与决策；另一方面，公民可以直接参与决策。

续 表

教学过程		教学内容	学生活动
新课导入		设问： （1）你赞成哪种决策观点？说说你的理由。 （2）假如你是决策者，你会采取哪种决策方式？ （3）你知道公民可以通过哪些渠道参与民主决策吗？	
自主学习检验		1. 近年来，各地兴起的"民主恳谈会"是基层政府就重大政策和建设规划等问题征询群众意见的新举措，已成为基层政府联系当地群众的新形式。对此理解正确的是（A）。 A. 公民通过社情民意反映制度参与民主决策 B. 公民通过社会听证制度参与民主决策 C. 公民通过社会公示制度参与民主决策 D. 公民通过专家咨询制度参与民主决策 2. 2017年3月24日，国务院法制办公室全文公布《中华人民共和国出境入境边防检查条例（修订草案）（送审稿）》，公开征求公众意见。某高校教师通过电子邮件的形式提出了一些建议。这表明（D）。 ① 公民通过社情民意反映制度参与民主监督 ② 我国政府为公民参与民主管理提供了新的平台 ③ 公民通过重大事项社会公示制度参与民主决策 ④ 公民积极参与国家民主政治建设 A. ①②　　B. ①④　　C. ②③　　D. ③④ 3. 检查学生构建的本课知识结构图。	通过自主学习检验学生对基础知识的掌握情况。课前学生预习后自主构建知识结构图。
自主探究	探究活动1	针对珠海市的主城区道路改造问题，我们一起来为珠海市交通局出谋划策。 探究活动1：假如你是市民，你将会通过哪些方式或渠道反映你的建议？说说你为什么要参与这样的决策？	通过探究活动讲授社情民意反映制度（依据、方式、意义）。
	探究活动2	探究活动2：珠海市主城区道路改造草案确定以后，珠海市交通局如何让市民知道呢？这属于什么决策方式？政府为什么要这么做？	通过探究活动讲授重大事项社会公示制度（依据、方式、意义）。

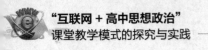

续 表

教学过程		教学内容	学生活动
自主探究	探究活动3	探究活动3： （1）信息是决策的基础，民意是正确决策的重要信息资源。政府要尊重民意，但民意一定科学吗？公民还可以通过哪些方式参与民主决策，从而促进决策的科学性？这些方式有什么意义？ （2）珠海市要举行关于珠海市道路改造的听证会，请你设计听证会的参加对象，并要求保证听证会能够反映不同方面的声音。	通过探究活动，讲授专家咨询制度（依据、方式、意义）和社会听证制度（方式、意义）。
	探究活动4	探究活动4：珠海市关于主城区道路改造的方案，公民通过多种方式参与民主决策，政府听取广大市民的意见和建议有什么作用和意义？	通过探究活动讲授公民参与民主决策的作用和意义： ① 有助于促进公民对于决策的理解，推动决策的实施。 ② 有利于提高公民参与公共事务的热情和信心，增强公民的社会责任感。 ③ 有助于决策者充分反映民意，体现决策的民主性。 ④ 有利于决策广泛集中民智，增强决策的科学性。
自我升华		本课针对珠海市主城区的道路改造，市民通过直接和间接方式参与民主决策，市民可以通过社情民意反映制度、重大事项社会公示制度、专家咨询制度、听证会制度等多种方式参与民主决策，有助于决策机关的决策科学性和民主性，也有助于推动决策的实施和提高公民的主人翁精神和社会责任感。 民主并不是什么好东西，但它是我们迄今为止所能找到的最好的一种制度。 　　　　　　　　　　——英国前首相 丘吉尔 民主使每个人成为自己的主宰。 　　　　　　　　　　——詹·拉·洛威尔	教师总结并点拨。

教学过程	教学内容	学生活动
实践 活动	请你周日走访本社区，了解珠海市城市改造中存在的问题，并就这些问题提出你的建议，通过拨打12345市长热线或者到珠海市政府网上反映问题，或者联系本区人大代表，反映你所了解到的问题和好的建议。	通过参与民主决策，提高决策的科学性、民主性，提高公民的主人翁精神，增强公民对决策的理解，推动决策的实施。
评价 反馈	（一）单项选择题 （1）合肥市举行轨道交通（地铁）票价制定听证会，对前期公布的两套方案提交听证。会上，地铁专家徐教授表示支持第二套方案。这里，徐教授是在通过_____参与民主决策。（C） A. 专家咨询制度　　B. 社情民意反映制度 C. 社会听证制度　　D. 重大事项社会公示制度 （2）武汉外国语学校高中的八名学生通过实地调研，撰写了《武汉市部分地区排水系统近期改造思路及智能化排水系统的未来展望》一文，获得了首届中国大智汇创新研究大赛第一名。他们又通过湖北省人大代表将相关课题内容以"代表建议"的形式带到了湖北省的两会上。这些学生是在通过实际行动（D）。 ① 积极联系人民群众，履行代表职责 ② 实行民主监督，改进国家机关的工作 ③ 有序参与政治生活，提高政治参与水平 ④ 参与民主决策，促进科学决策形成 A.①②　　B.②④　　C.①③　　D.③④ （二）阅读材料，回答问题 拥挤的车厢、高额的补贴……在当前地铁供需条件下，票价的合理性成为关注的焦点。某校学生围绕"北京地铁票价涨不涨、怎么涨"的问题开展研究性学习，在采访乘客的过程中，了解到如下一些看法。 乘客甲："两块钱票价真便宜，涨价就不那么挤了。不过我每次就坐两站，总不该和坐几十站的人花一样多的钱呀。"	通过课后训练，巩固所学的知识和预习下节课的知识。 参考答案： （1）C （2）D

续 表

教学过程	教学内容	学生活动
评价反馈	乘客乙："我通常在高峰期挤地铁上班，真是人进去，相片出来啊。其实，非高峰期就没这么多人。" 乘客丙："地铁便捷、污染少，关系到老百姓的民生，不能只考虑经济因素。" 地铁票价调整关系民生，召开地铁票价听证会，是保障科学决策、民主决策，使票价调整方案更加科学合理的有效方式。为使听证会获得预期效果，应注意哪些事项？ 运用政治生活知识，说明注意这些事项的理由。 **（三）教学反馈** 本堂课的内容比较浅显而且学生也比较感兴趣，可以先让学生课外上网查阅相关资料后再讲解。同时，公民可以通过民主决策参与政治生活，通过珠海市的道路改造问题，让学生发表意见和建议，能够提高学生的政治认同感和公共参与核心素养能力。 本节课的教学内容覆盖面广，因此以生活问题和重大问题两个层面为切入点，引入知识的理解，通过角色体验和操作体验，提高学生参与民主决策的能力，加深学生对民主决策重要性的认识，使学生懂得民主决策既是一种能力，也是一种习惯和意识，从而使学生理解崇尚民主、实践参与民主。这一教学意图得到了比较好的体现。信息技术与学科的有机整合，使课堂更加生动活泼，学生更加积极主动，提高了课堂实效。	参考答案： （1）通过公示，保障公民知情权，保证听证会程序正当、有序进行。 （2）通过保障公民的参与权和表达权，反映民意、集中民智，保证听证会能发现拟订方案中存在的问题，协调各方利益。 （3）通过舆论监督，保证听证会公开透明、公平公正。

（徐积先）

民主管理：共创幸福生活

【教学目标】

1. 知识目标

（1）识记并理解村（居）委会的性质。

（2）理解公民行使管理权力的途径和方式。

（3）联系实际分析实行基层民主自治的意义。

2. 能力目标

（1）通过课前自主学习环节中的"知识建构"培养学习归纳知识、整合知识的能力。

（2）通过情景剧的拍摄培养学生的动手、协调和合作能力。

（3）创设情境，以设问法、讲授法培养学生分析问题的能力。

3. 情感、态度与价值观目标（核心素养目标）

关注社会的公共生活和公共管理，树立公民意识，增强政治认同感，积极参与村委会和居委会的工作。

【教学重难点】

（1）教学重点：怎样参与民主管理？

（2）教学难点：①民主管理的含义；②村民自治的主要途径和方式。

【教学设想】

本节课所讲的"民主管理"的有关知识，学生平时均有了解，网络资源特别丰富，因此，采用"互联网+"的教学模式。

1. 课前准备

（1）学生预习课本并建构知识网络，上传作业。

（2）自编自导自演的系列情景剧《选村主任的故事》。

（3）上网收集相关的资料。

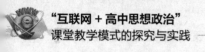

2. 课堂教学

通过"新课导入—自主学习—自主探究—自我升华"四个环节将学生课前收集到的资料用情景剧串起来，对学生收集的资料进行去粗取精、去伪存真，由表及里，由此及彼，将零散的资源整合成一个系统的知识，加深学生对本课内容的掌握。

3. 课后巩固

通过练习加强学生的三维训练，继续学习下节课的内容并构建知识网络，培养学生整合资源的能力。

【教学方法】

自主建构、自主创作、收集整理、合作探究、交流分享。

【教学手段】

"互联网+思想政治"课堂教学。

【学习任务】

学生通过网络收集以下资料或准备以下知识：

（1）民主管理的含义。

（2）基层民主自治的历程。

（3）查阅自己所在村或社区的"村民自治章程""村规民约""居民公约"等资料。

（4）学习小组制订自己心目中的"村民自治章程"。

（5）查阅《中华人民共和国村民委员会组织法》，了解村务公开的范围。

（6）学习小组制订"我心目中的村务公开栏"。

【教学过程】

教学过程	教学具体内容	师生活动
新课导入	视频"中国农村自治第一村——合寨村"。	学生观看视频，根据课前查阅的相关资料了解中国基层群众自治的历程。
自主学习检验	**（一）点评知识建构** 基层民主自治历程 民主管理：共创幸福生活 最广泛的实践 一、农村村民自治 ▶ 村民自治的组织 ▶ 村民自治的途径 二、城市居民自治 ▶ 居民自治的组织 ▶ 居民自治的途径 共建祥和文明社区 一、发展基层民主的意义 ▶ 重要内容 ▶ 有效途径 ▶ 最为广泛而深刻的实践 二、青少年需要参与民主管理的经历	学生代表谈谈对本课内容的理解。
	（二）自主学习检测（习题） 1.（2009年高考江苏卷）发展基层民主，保障人民享有更多更切实的民主权利，是我国发展社会主义民主政治的重要内容。下列属于基层群众性自治组织的是（C）。 A.业主委员会　　B.消费者协会 C.居民委员会　　D.乡人民政府 2.（2016年高考全国卷Ⅱ.16）为缩短学生上学路程与保障学生安全，某村村民希望新修一条便道。村党支部、村委会为此建立基层协商民主理事会。理事会就工程要不要建、由谁建、资金来源等问题广泛征求民意，经过民主协商，最终决定修建便道。村理事会的建立（　）。	学生通过平板电脑用抢答、随机作答等方式对自主学习的知识进行检验。

续 表

教学过程		教学具体内容	师生活动
自主学习检验		① 改变了村民自治的主体 ② 维护了村民的切身利益 ③ 丰富了村民自治的实践形式 ④ 规范了村民的行为方式 A.①②　　B.①④　　C.②③　　D.③④	
自主探究	探究活动1	什么是民主管理？为什么要参与民主管理？ 观点一：管理是少数管理者的事。大家参与管理会造成管理混乱。 观点二：公民参与管理，可以保证人民群众直接行使民主权利，从而实现人民当家做主。	学生分组讨论两种观点。请学生代表阐述自己的观点，进而理解民主含义及意义。
	探究活动2	怎样参与民主管理？（重点、难点） 理解村（居）委会的性质： ① 村（居）委会是不是国家机关？ ② 村（居）委会要接受镇（乡）政府的领导吗？ ③ 村（居）委会成员是不是国家公务员？ ④ 你听说过大学生村官吗？他们算不算公务员？	学生自己从课本上了解村（居）委会的含义。 判断几种观点，拓展对村（居）委会的认识和理解。
	探究活动3	怎样参与民主管理？（重点、难点） 村民自治的主要途径和方式（观看学生自编自导自演的情景剧——《选村主任》）。 镜头一：某村准备选村主任，村头的阿公阿婆为选谁进行讨论。阿公说阿财给他送了条烟，理应选他；阿婆说阿富是娘家侄子，应该选他…… 合作探究： 什么样的人是我们所需要的"当家人"？	学生观看情景剧后，通过分析、讨论、交流、分享等把握村民自治的主要途径和方式。 透过镜头一，学生不仅要思考为什么要选村主任，更要明确应该选什么样的"当家人"。学生通过"畅言课堂"的微信群交流功能自由探讨、交流，并且对自己欣赏的观点进行点赞。学生在交流中明确了应选什么样的人做村主任，同时明确选村主任的意义。

教学过程		教学具体内容	师生活动
自主探究	探究活动3	镜头二：村里准备修路了。有人说"路得从东边过"，有人说"路得从西边过"，有人说"不管路从哪里过，反正我家门口要通路"……为此村主任阿德决定召开村民会议，讨论决定。 镜头三：村民的日子在阿德的领导下越过越好。饱暖思淫欲，部分人开始聚众赌博，阿德见到村民如此不自爱，很难受。于是他决定召开村民会议一起来制订《村规民约》，规范村民的行为。 合作探究： ① 从镜头二、三来看，村民是怎样行使民主管理权利的？ ② 请你说出心目中的《村民自治章程》（分小组制订你认为合理的《村民自治章程》，可另附纸，上课时分小组拍照上传）。	透过镜头二和三，学生明确可以通过参加村民会议、制订村规民约来参与民主管理。学生根据课前的任务，小组合作制订《村民自治章程》，课堂上通过拍照的方式上传同屏给全班同学分享，然后借助畅言课堂的课堂互动中的投票方式对各小组制订的章程进行评比。
		镜头四：随着生活条件的改善，部分村干部开始中饱私囊，利用公款吃喝。阿德召开村干部会议，商讨解决的办法。村委会设立了一个村务公开栏，每年定期召开村民会议，村委会报告工作，由村民民主评议。 合作探究： ① 从镜头四来看，村民是怎样行使民主管理权利的？ ② 搜索《中华人民共和国村民委员会组织法》，村务公开包括哪些范围。 ③ 请你秀出自己设计的"村务公开栏"。（分小组设计"村务公开栏"，可以是自己所在的村务公开栏或居务公开栏，另附纸，上课时分小组拍照上传）。	透过镜头四，学生明确村民、村干部可以通过多种方式和途径进行监督。根据课前的任务，学生自主网络学习村务公开的内容，并分小组设计"村务公开栏"，课堂上通过拍照的方式上传同屏给全班同学分享，然后借助畅言课堂的课堂互动中的投票方式对各小组制订的章程进行评比。

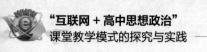

续 表

教学过程		教学具体内容	师生活动
自主探究	探究活动4	怎样参与民主管理?（重点、难点） **村民自治实践** 材料一：珠海市红旗镇三板村的村民一直以种植和养殖为生，经济相对落后。在党小组的领导下，由村民民主选举产生了新一届村委会成员；新村委会针对多数村民提出的污染严重、环境恶化等问题，多次召开村民会议，对全村污染严重的场所进行全面清理、绿化，为村民提供了一个良好的生活环境；此外三板村制定了村民行为规范、村务公开制度等来规范村民和村干部行为；同时设置了理财小组，定期对村里的账目进行检查，查账后还要张榜公布结果。 材料二：在各级政府的支持下，村委会带领村民以发展特色产业为中心，大力提升村容村貌，完善基础设施配套建设，村民收入稳步提高，村容村貌焕然一新，村民幸福感不断增强，先后获得了"全省农村、社区'回头看'活动示范村""广东省妇女之家""珠海市文明村"等荣誉称号。 合作探究： （1）三板村村委会是如何带领村民实现村民自治的? （2）三板村村民自治实践有什么意义?（共享）	分析案例——幸福村居，三板水乡。进一步理解村民自治的方式及意义。学生在自己的平板电脑上用批注的方式进行作答后上传自己的答案与同学共享。
自我升华		**（我是401班的主人）** 班级民主管理旨在培养学生的民主意识和民主作风，学会自治自理。其实质就是发挥每一个学生的主人翁精神，让每个学生都成为班级的主人。然而在现实生活中，多数学生要么缺少机会，要么不积极主动，在班级管理中缺乏自主性。 为了建设一个更美好的401班，请你为班级民主管理提出合理化建议。	学生通过"畅言课堂"的微信群交流功能自由探讨、交流如何参与民主管理使班级更美好、更和谐。
评价反馈		三维训练： 1. 某村委会会议室挂有一幅"民主管理、科学决策"的红色大字。对"村民民主管理"理解正确的是（　）。 A.村民民主管理是村民自治的基础 B.村民民主管理加强了对基层行政权力的制约和监督	

续 表

教学过程	教学具体内容	师生活动
评价 反馈	C.村民民主管理扩大了公民的基本政治权利 D. 村民民主管理是村民管理与自身密切相关的各项事务 2.《中华人民共和国村民委员会组织法》规定：村民委员会每届任期三年，届满应当及时举行换届选举。村委会换届选举是（ ）。 ① 实现人民当家做主最有效的途径 ② 村民参与民主管理的主要途径 ③ 是公民参与基层政权机关的标志 ④ 直接选举"当家人"是村民自治的基础 A.①②　　B.②④　　C.③④　　D.①④ 3. 某地为治理村委会公章管理不严、随意乱盖章现象，将村委会公章存到乡镇政府"柜子"里，由乡镇政府"代管"。这一做法受到社会质疑而被叫停。叫停"村章乡管"的主要理由在于（D）。 ① 乡镇政府承担了过多的行政管理事务 ② 乡镇政府没有管理农村公共事务的职能 ③ 乡镇政府不能代行村委会的自我管理权 ④ 应当维护基层群众性自治组织的民主权利 A.①②　　B.①④　　C.②③　　D.③④ 4. 红旗中学的公交站台设置垃圾桶很不雅观，也很不合理，既影响市容市貌，又影响市民候车心情。请同学们给有关部门提出整改意见。 5. 你所在的社区还有哪些影响村容村貌的地方或不合理的地方，请你向有关部门提出整改意见。 6. 预习"民主监督：守望公共家园"并建构知识体系。	学生通过平板电脑自主完成三维训练的题目，作业平台自动将学生的作答情况进行数据分析，及时反馈学生的学习情况。 学生总要参与，总会参与，学生通过实践活动，真正参与民主管理，提高政治参与能力。 预习下一课的内容并提交知识体系建构图。

（刘桂芳）

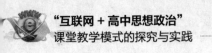

权力的行使：需要监督（一）

【教学目标】

1. 知识目标

（1）明确对权力进行制约和监督的必要性。

（2）理解有效监督权力的关键在于健全权力运行的制约和监督体系。

2. 能力目标

在公共政策的讨论与制定中，倡导学生通过对话协商、公开讨论的方式进行，提高辩证思维的能力。

3. 情感、态度与价值观目标

培养行使民主监督权利的公民意识和政治素养。

4. 核心素养目标

（1）学习求同存异、凝聚共识，促进社会和谐，达到培养理性精神、公共参与的目标。

（2）形成符合时代精神的法治观念，达到培养学生法治意识的核心素养目标。

【教学重难点】

（1）教学重点：理解对政府权力进行制约和监督的关键。

（2）教学难点：政府接受监督的意义、我国的行政监督体系。

【教学设想】

本节课的教学以高中新课程的基本理念为依据，引导学生通过互联网收集信息和整理信息。在生活中学习，在活动中学习，我选择了与学生生活密切相关的典型案例，引导学生通过兴趣点确定议题，围绕议题通过互联网收集信息并提出问题、解决问题，让学生有话可说，有话敢说，最大限度地释放学生的积极性。

【教学方法】

在互联网环境下,利用平板电脑等设备,采用案例分析法、小组讨论法开展教学。

【教学过程】

教学过程	教学内容	学生活动
学习任务	(1)结合"导学案",在自学教材基础知识的基础上,提出2~3个问题。提示学生这些问题可大可小,可以是自己感兴趣的现象,可以是生活中相关的困惑点,也可以是自己不理解的知识点。 (2)围绕上述问题在互联网上充分查找信息,拓宽知识面,为课堂中的充分讨论做好准备。	课前教师在网上发布学习任务清单,学生上网观看微课,然后教师布置学习任务,学生完成后在网上提交。 学生在课前上网观看视频和学习微课,阅读教材完成学习任务。
新课导入	通过一副对联引导学生推出"权力是一把双刃剑"。 (1)权力用得好,令行禁止,造福于民。 (2)权力被滥用,滋生腐败,贻害无穷。	引导学生根据对联联系权力的作用。
自主学习检测	知识梳理: 请同学们阅读教材P46~P48,找出并填写下列知识点的关键词。 (一)为什么要对政府的权力进行监督 (1)权力是一把_____。政府权力运用得好,可以_____、_____、_____;权力一旦被滥用,就会_____、_____。 (2)政府接受监督的意义。政府接受监督是坚持_____的必要保证。政府只有接受监督,才能更好地_____、_____、_____,做出正确的决策;才能提高_____和_____工作效率,防止和减少工作失误;才能防止滥用权力,防止_____、权钱交易等_____行为,保证清正廉洁;才能真正做到_____,造福人民,建立起一个具有权威的政府。 (二)怎么样对权力进行制约和监督 (1)有效制约和监督权力的关键,是要_____。这个体系,一靠_____,二靠_____,二者缺一不可。 (2)建立健全制约和监督体系。 行政体系内部的监督:_____、_____、_____。 行政体系外部的监督:_____、_____、_____、 _____、_____、_____。	

续 表

教学过程	教学内容	学生活动
自主 学习 检测	（3）全面推进政务公开。政府坚持以_____为常态，_____为例外原则，推进_____、_____、_____、_____、_____。	
自主探究 探究活动1	探究题目：为什么要对政府权力进行监督 小组任务： （1）通过互联网收集关于"对权力进行监督"的名言警句、历史案例等，把相关图片、信息等电子资料保存在手机上，通过各种形式在课堂上进行展示。 （2）政府和公民的关系：以小组为单位，4人一组，请从以下不同群众的角度，结合珠海市有轨电车从开工到运行前出现的问题或你关心的问题，具体谈谈对自己生活的影响和你对政府的期望。 ① 珠海市第三中学的学生。 ② 家住在上冲的居民。 ③ 梅华路边的餐厅老板。 ④ 珠海特区报的记者。 ⑤ 其他人。	（1）利用平板电脑学生共享收集的电子资料，讨论监督的好处。 （2）学生围绕"政府与公民的关系"合作讨论，头脑风暴，在换位思考中认识对政府权力进行监督的重要性。
探究活动2	探究问题：怎么样对权力进行监督 （1）通过互联网收集珠海市有轨电车从试运营到现在的各种管理办法及政策规定，把相关图片、信息等电子资料保存在手机上，通过各种形式在课堂上进行展示。 （2）教学案例：珠海市有轨电车将于5月1日开始试运营，相关的管理办法正在加紧出台。2014年12月份市法制局曾就《珠海市有轨电车管理办法（草案）》的重点内容公开咨询公众意见，记者昨日从该局了解到，有关意见反馈已经出炉。在备受关注的逃票处理、部分人群票价减免、乘车安全等问题上，新的《珠海市有轨电车管理办法（草案修改稿）》均有吸收和完善。 ① 珠海市有轨电车的逃票处罚是通过什么办法得出来的？ ② 这些方法需要哪些主体参与协助实现？除了这些主体，你还可以想到哪些监督权力的主体？ ③ 这说明了监督政府权力主要依靠什么方式来实现？	教师利用平板电脑发布讨论规则，学生即时上传展示资料与探究答案。 （1）学生通过互联网收集相关信息并展示。 （2）学生合作讨论，在讨论中生成知识，学会辩证地思考问题。 （3）学生整理知识点。

续 表

教学过程		教学内容	学生活动
自主探究	探究活动3	探究题目：政务公开 学生任务：引导学生登录"珠海政府"官方网站，浏览政府网站相关信息，概括其主要特点，并截取自己最感兴趣的政府公开新闻，在课堂上进行分享。	学生体验网上监督政府的程序。
自我升华		**（一）自主构建本框知识** 监督权力 —— 是什么 —— 为什么 { （1）重要性 （2）必要性 —— 怎么做 { （1）有效制约和监督权力的关键 （2）建立全面的行政监督体系 （3）政务公开 **（二）国家权力监督体系** 小智治事，中智治人，大智立法。党中央把加强作风建设要求贯穿各项工作全过程、各方面，坚持无禁区、全覆盖、零容忍，一个节点一个节点抓，有力地促进了党员干部作风转变，形成激浊扬清、干事创业的良好政治生态。 风正一帆悬，十八届三中全会以来的五年，以习近平同志为核心的党中央以披荆斩棘的勇气正风肃纪反腐，以久久为功的决心推动国家权力监督体制机制持续完善，开创了从严管党治党的新局面。改革再出发，在加强权力监督、规范权力运行的道路上，现在只是开始。	学生自己构建知识体系，并与教师和其他同学的比较后进行修改完善。学生在平板电脑上分享各自的知识建构，教师点拨、分享。
评价反馈		**（一）教学评价** （1）某村民因质疑县政府对该村的征地批复，向县政府提出行政复议，遭到拒绝后，村民将县政府告上法庭。经法院审理，该村民胜诉。材料体现的对行政机关的监督形式是（D） ①社会与公民的监督 ②上级政府部门的监督 ③国家权力机关的监督 ④司法机关的监督 A.①②　　B.②③　　C.③④　　D.①④	1. 学生通过平板电脑上传自己的答案。 参考答案： （1）D （2）D （3）B （4）A （5）C

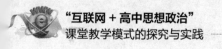

续　表

教学过程	教学内容	学生活动
评价 反馈	（2）"把权力关进制度的笼子里"中"制度的笼子"就是不让权力冲出制度、政策、法规的笼子，形成不敢腐的惩戒机制、不能腐的防范机制、不易腐的保障机制。下列关于对权力的制约和监督的说法正确的是（ D ）。 ① 切实保障人民的知情权、参与权、表达权、监督权 ② 有效制约和监督权力的关键是建立全面的行政监督体系 ③ 加强法治对权力的制约和监督，用法治管权、管事、管人 ④ 坚持政务公开，建立信息公开制度和公开办事制度 A.①②　　B.②③　　C.①④　　D.③④ （3）近年来，简政放权一直是国务院和各级政府的"重头戏"。通过简政放权切实从"越位点"退出，把"缺位点"补上。简政放权旨在（ B ）。 ①削弱政府职权，建设服务型政府 ②转变政府职能，提高行政效率 ③强化对权力的监督，推动政务公开 ④依法行使职能，激发市场活力 A.①②　　　B.②④　　　C.①③　　　D.③④ （4）从监督体系上看，对国务院具有外部监督且有法律约束力的有（ A ）。 ① 全国人民代表大会 ② 国家法制办和审计署 ③ 最高人民法院和最高人民检察院 ④ 中国人民政治协商会议 A.①③　　　B.①②　　　C.③④　　　D.②④ （5）"知屋漏者在宇下，知政失者于草野。""要防止滥用权力，就必须以权力制约权力。"这两种观点启示我们应该（ C ）。 A.保障公民的知情权，提高决策的公众参与度 B.制定科学的考核制度，确保权力的公正运行 C.完善民主健全法制，加强对权力的制约和监督 D.发挥社会舆论的导向作用，消除特权思想的影响	2. 教师根据学生上传的答案，即时了解学生答案的准确率，讲评绝大多数的错题。还可发送类似的题继续训练，直至这个知识点过关为止。 学生通过平板电脑上传答案，教师根据正确率选择学生的答案进行点评、纠错。

续 表

教学过程	教学内容	学生活动
评价反馈	**（二）教学反馈** 本堂课的内容离学生日常生活较远，可多采用生活案例、职业体验等方式提高学生的学习兴趣。采用互联网分享收集的资料与现场讨论问题的方式，不仅让学生较轻松地掌握了知识，还扩大了学生的知识面，大大提高了课堂效率。	

（黄翠婷）

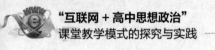
权力的行使：需要监督（二）

【教学目标】

1. 知识目标

明确对权力制约和监督的必要性，明确有效制约和监督权力的关键在于建立健全制约和监督机制，认识我国的行政监督体系，明确对权力制约和监督的意义。

2. 能力目标

提高归纳与分析的能力，提高自主学习、合作学习和初步探究学习的能力，学会辩证地认识问题，用一分为二的观点看待权力。

3. 情感、态度与价值观目标

了解权力的两面性，形成正确的权力观；认识人民监督政府是民主政治的重要标志，培养学生行使民主监督权利的政治素养和公民意识。

4. 核心素养目标

（1）政治认同：明确我国行政监督体系的作用，相信我们的政府是法治政府。

（2）科学精神：辩证地认识问题，一分为二地看待权力；锻炼分析、解决问题的能力。

（3）法治意识：明确法制是有效制约和监督权力的重要举措，培养学生的法治意识，使学生尊重法律、遵守法律。

（4）公共参与：认识人民监督政府是民主政治的重要标志，培养学生行使民主监督权利的政治素养和公民意识。

【教学重难点】

（1）教学重点：如何对政府权力进行制约和监督。

（2）教学难点：我国的行政监督体系。

【教学设想】

议题教学法是增强政治课堂吸引力的重要方法，也是贯彻习近平总书记2019年3月18日在思想政治课教师座谈会上的重要讲话中所提到的政治课堂改革要坚持的"八个统一"的重要方法；在议题选择方面，以"我要当官"为话题切入点，进行了以下的设计。

（1）结合学生的回答，分析"权力是双刃剑，需要对权力进行制约和监督"，培养学生辩证认识问题、分析、推理的能力，实现培养学生科学精神的教学目标。

（2）结合学生小组讨论，回答"如何防止同学走上贪腐之路"，分析制约和监督权力的措施，相信我们的政府是法治政府，能够规范行使权力，造福人民，实现政治认同的教学目标。

（3）通过学习"法制是有效制约和监督权力的重要举措"的相关知识，通过"给十五年后可能已走上领导岗位的自己写一句话"的活动，培养学生的法治意识，使学生尊重法律、遵守法律。

（4）通过学习"民主是有效制约和监督权力的重要举措"的相关知识，以及通过让学生演示网上查询政府公开信息的活动，培养学生行使民主监督权利的政治素养和公民意识，实现公共参与的教学目标。

【教学方法】

在互联网环境下，利用平板电脑等终端设备，采用议题教学法、情境导入法、活动探究法、集体讨论法开展教学。

【教学过程】

教学过程	教学内容	师生活动
课前学习	（1）学习微课《习近平总书记反腐倡廉系列讲话》。 （2）观看中纪委拍摄的反腐视频《永远在路上》。 （3）读教材，完成以下问题： ①构建本框题的知识体系。 ②完成本框题的导学案。	课前教师在网上发布学习任务清单，学生上网观看微课，然后教师布置学习任务，学生完成后在网上提交。 学生在课前上网观看视频和学习微课，阅读教材完成学习任务。

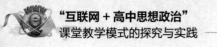

续 表

教学过程	教学内容	师生活动
新课导入	同学们，在我国，政府的权力是人民赋予的，政府要依法行政，但是滥用权力时有发生，怎样确保权力依法行使呢？今天我们共同探讨这一问题。	引导学生使用网络收集近几年来国家反腐倡廉的案例，然后与同学交流，培养学生的公共参与意识。
自主合作探究 / 探究活动1	（1）激情辩论：各小组自主选择"权力是天使""权力是魔鬼"中的一个题目参加辩论。 （2）总结提升：教师引导学生辩证认识权力是把双刃剑，需要对权力进行制约和监督。	利用平板电脑发布任务和辩论话题，学生利用平板电脑在小组内交流意见后，由小组代表汇总发言。通过自主探究，学生识记、理解和掌握了对权力进行监督的原因，培养了学生辩证认识问题、分析、推理的能力。
探究活动2	（1）真心话大冒险：你想当个怎样的"官"？ （2）合作探究：你觉得国家应怎样做，才能防范你或你的同学走上贪腐之路呢？请结合贪官被查处的实例来说明。 （3）一站到底，突出重点：教师利用平板电脑发布本课重点知识"怎样制约和监督权力"的判断题、选择题、知识问答题等，让学生利用平板电脑上传答案进行抢答。	学生利用平板电脑搜索贪官被查处的实例，小组讨论总结得出监督权力的措施。通过自主探究，学生识记、理解和掌握了制约和监督权力的措施，相信我们的政府是法治政府，能够规范行使权力，造福人民，并进一步提高了学生自主学习、合作学习、探究学习的能力。 教师利用平板电脑发布题目让学生抢答，进一步强化和加深了学生对本课重点知识"制约和监督权力的措施"的识记、理解、运用。

续 表

教学过程		教学内容	师生活动
自主合作探究	探究活动3	自主探究： 情境：小芳大学毕业了，想找份本市公务员或者事业单位的工作。你能提供有关的工作信息给她吗？ 学生利用平板电脑到市人民政府网站找到相关的政务公开信息进行交流。 教师引导学生了解、掌握政务公开的目的、原则、表现、意义等。	通过自主探究，增强了学生分析问题和解决问题的能力，进一步提升了学生关心社会、参与社会的责任感。
自我升华		**（一）自主构建本框知识** 必要性 — 为什么 重要意义 — 对政府权力进行制约和监督 — 怎么办 — 关键；建立起行政监督体系 → 政府自觉接受监督（"阳光工程"） **（二）诵读习近平的五大反腐警句** （1）反腐败高压态势必须继续保持，坚持以零容忍态度惩治腐败。 （2）对腐败分子，发现一个就要坚决查处一个。要抓早抓小，有病就马上治，发现问题就及时处理，不能养痈遗患。 （3）要坚持"老虎""苍蝇"一起打。 （4）以猛药去疴、重点治乱的决心，以刮骨疗毒、壮士断腕的勇气，坚决把党风廉政建设和反腐败斗争进行到底。 （5）不论什么人，不论其职务多高，只要触犯了党纪国法，都要受到严肃追究和严厉惩处，绝不是一句空话。 **（三）不记初心，牢记使命** 十五年后，你可能已经走上领导岗位。请写一句话，勉励未来优秀的你当一位好官！请利用平板电脑上传给全班同学，分享共勉。	学生自己构建知识体系，并与教师和其他同学的比较后进行修改完善。学生在平板上分享各自的知识建构，教师点拨、分享。 通过让学生诵读习近平总书记的反腐警句和给未来的自己写勉励的话语，加深学生对规范运用权力的理解，培养学生的法治意识，形成尊重法律、遵守法律的良好习惯，更好地为人民服务。

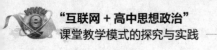

续 表

教学过程	教学内容	师生活动
评价反馈	（一）教学评价 1. 在每题给出的四个选项中，只有一项是最符合题意的。 （1）（2018年高考北京卷.34）云梦秦简出土于湖北省云梦县睡虎地秦墓，其中的《为吏之道》记载了"吏有五善"，一曰忠信敬上，二曰清廉毋谤，三曰举事审当，四曰喜为善行，五曰恭敬多让。《为吏之道》的"五善"（B）。 ① 说明权力的行使应审慎、谦抑 ② 说明公职人员应注重道德修养 ③ 说明自律是有效制约权力的关键 ④ 对加强党员干部队伍建设具有借鉴意义 A.①②③　　B.①②④　　C.①③④　　D.②③④ （2）（2018年高考江苏卷.15）某市政府坚持政务公开，集中发布12幅惠民便民地图，覆盖教育、医疗卫生、空气质量监测等重点民生领域，实现1630所公办中小学、2042个医疗卫生机构、672家养老机构、3924个蔬菜零售网点等民生服务信息一站查询。材料表明（C）。 ① 服务公开是政务公开的重要方面 ② 为人民服务是我国政府的宗旨 ③ 加强舆论监督是政务公开的核心 ④ 严格依法行政是政府的基本原则 A.①②　B.①④　C.②③　D.③④ （3）（2018年高考江苏卷.13）2014—2017年，国务院连续组织开展大规模集中督查，针对重大项目建设拖期、财政资金沉淀、土地闲置、保障房空置、涉企乱收费以及套取挪用侵占扶贫、医保资金等政策落实中存在的突出问题，共问责和处理2500余名责任人。国务院开展大督查是：（C）。 ① 行政监督体系的发展和创新 ② 坚持对人民负责的内在要求 ③ 反腐倡廉制度建设的重要举措 ④ 加强治理能力建设的重要体现 A.①②　　B.①③　　C.②④　　D.③④	（1）教师发送题目到学生的平板电脑，学生利用平板电脑上传自己的答案。 （2）教师根据学生上传的答案，即时了解学生答案的准确率，讲评错误率较高的题，提高效率。还可根据实际需要，发送类似的题进行变式训练，直至这个知识点过关为止。

教学过程	教学内容	师生活动
评价反馈	2.简答题。 （2018年高考北京卷.38）阅读下列材料完成下列要求。 为适应新时代发展的需要，政府部门深化改革，步伐更快，措施更实。"最多跑一次""网上一次办理"，让群众办事更加方便。"数据用得活、服务更暖心"，大数据帮助政府实现精准治理。"农村大病保险""健康扶贫工程"持续发力，基本公共服务均等化、普惠化、便捷化持续推进。 破解企业办证难题，避免"公章旅行"，"多评合一、多审合一、多图联审"破除企业投资障碍。面对新情况新问题，探索建立政府与新业态之间的良性互动，维护市场公平竞争秩序，促进跨境电商、移动支付、人工智能等新兴产业健康发展。 着手建设全国统一的执法信息平台，有效遏制不作为、乱作为等问题。省、市、县三级政府法律顾问实现全覆盖，政府法律顾问在政府决策过程中发挥越来越大的作用，推行政府权力清单制度，促进权力公开透明运行。 结合材料，说明在推进国家治理体系和治理能力现代化进程中，政府应该如何作为？ **（二）教学反馈** 本节课涉及监督权力、反腐倡廉等社会热点问题，学生比较感兴趣，通过"互联网+课堂"的形式，让学生上网查阅相关资料，充分挖掘相关反腐倡廉资源，结合课本教学，充分发挥学生学习的主体性和主动性，也有利于培育学生的政治认同感和公共参与能力，培育学生的家国情怀。	学生通过平板电脑上传答案，教师选择学生的答案进行点评、纠错。 教师课后在线上帮学生批改作业，发送给学生及时修改。

（杨华勇）

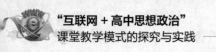
政府的权威从何而来

【教学目标】

1. 知识目标

识记政府权威的含义、决定因素和区别政府有无权威的标志，理解政府如何树立权威，列举事例说明有权威政府与无权威政府行使权力的不同结果。

2. 能力目标

通过让学生查找、收集当地政府施政的事例，对如何提升政府权威提出合理建议等，培养学生的合作探究、实践体验、分析比较等能力。

3. 情感、态度与价值观目标

关注社会的公共生活和公共管理，树立公民意识，增强政治认同，积极参与村委会和居委会的工作。

4. 核心素养目标

通过对比有权威的政府与无权威的政府行使权力的不同结果，构建第二单元的思维导图等培养学生的科学精神；在对斗门城区中兴路提升改造工程进行调查了解、查找珠海市或者斗门区政府施政过程中所做的有利于树立政府权威的大事，提高学生的公共参与能力，增强学生的政治认同感，强化学生的法治意识。

【教学重难点】

（1）教学重点：理解政府如何树立权威。

（2）教学难点：如何引导学生客观评价政府行为和感悟政府权威。如何从宏观上把握政府与公民的关系。

【教学设想】

（1）引导学生关注生活和社会，通过对斗门城区中兴路提升改造工程进行详细的调查了解、查找珠海市或者斗门区政府施政过程中有利于树立政府权威的大事等，让学生从生活中感悟知识，用身边鲜活的事例来感悟政府的权威，自觉维护政府的权威，做一个有责任感的公民。

（2）通过设置情境合作探究、对比总结正反事例、参与游戏、自主构建思维导图等多种形式，加深学生对政府的理解和认同，引导学生运用辩证思维看待公民与政府的关系，整合第一单元与第二单元的知识，实现认识的深化和情感的升华。

（3）让学生就提升政府权威向珠海市市长或者斗门区区长提出合理建议，鼓励学生积极有序参与政治生活，增强学生的政治核心素养，提高学生的开放性思维能力。

【教学方法】

在互联网环境下，利用平板电脑等终端设备，采用视频导入法、活动探究法、合作讨论法、情感升华法等开展教学。

【教学过程】

教学过程	教学内容	师生活动
学习任务	（1）学生预习课本并构建本课及第二单元知识思维导图，上传至智慧课堂系统的作业平台。 （2）完成自主学习检测题目并上传，作业平台自动将学生的作答情况进行数据分析，及时反馈学生的学习情况。 （3）通过互联网、实地调查等收集斗门城区中兴路提升改造工程的详细情况。 （4）通过互联网等方式查找珠海市或者斗门区政府施政过程中有利于树立政府权威的大事。	课前，教师在网上发布学习任务清单，学生完成后在网上提交。 学生在课前上网完成自主学习检测题目等，通过互联网、实地调查等方式调查收集相关资料，阅读教材完成学习任务。
新课导入	视频《中兴路提升改造工程受到广大市民点赞》。	学生观看视频，在教师引导下掌握区分政府有无权威的标志、政府权威的含义。

续　表

教学过程		教学内容	师生活动
自主探究	探究活动1	政府权威的决定因素： 从根本上讲，一个政府能否具有权威是由国家性质决定的。 为什么中华人民共和国成立前的北洋军阀政府、国民党政府都没有权威？中国共产党领导下的中央人民政府具有历史上任何政府都不可比拟的权威？（从代表利益、人民生活状况、有无权威三方面列表对比）。	学生分组负责其中一种政府类型，通过微信群交流功能自由探讨、交流，并通过平板电脑拍照上传功能展示答案。通过对比总结，理解政府权威的决定因素。
	探究活动2	有权威的政府与无权威的政府行使权力的不同结果（列表对比）。	学生通过平板电脑分组展示课前调查的涉及政府修路的两则正反事例，通过对比总结出有权威的政府与无权威的政府行使权力的不同结果。
	探究活动3	政府如何树立权威？ 首先，科学决策、依法行政、审慎用权、完善社会管理、优化公共服务，要自觉接受人民监督，与人民群众保持和谐关系。 其次，政府及其工作人员要有良好的业绩。切实实现好、维护好、发展好人民的利益。 最后，政府工作人员要重品行、做表率，牢记权为民所赋，坚持权为民所用、情为民所系、利为民所谋，成为社会主义荣辱观的自觉实践者。 有权威的政府与无权威政府行使权力将产生截然不同的结果，因此，政府应该自觉树立自己的权威。那么，政府如何才能树立权威呢？请同学们结合珠海市或者斗门区政府施政过程中有利于树立政府权威的大事来谈一谈。	玩"比比谁更快谁更多"游戏。游戏规则：通过"智慧课堂"的抢答功能获得发言机会，发言限时1分钟，超时打断。每说出一件大事，并符合要求的小组加1分。得分最高的小组将获奖品，从而调动学生的积极性，活跃课堂气氛。 学生从生活中体验感悟出结论，梳理政府树立权威的做法，提高学生从具体到抽象的能力。
	探究活动4	通过作业平台调出学生完成较好的本课及第二单元思维导图，引导学生自主构建第二单元的思维导图（导图略）。	学生通过"畅言课堂"的微信群交流功能互相点评、交流，点评其他同学的思维导图的优缺点，共同完善本课及第二单元思维导图，加深对政府的理解和认同，积极有序地参与政治生活。

续 表

教学过程	教学内容	师生活动
自我升华	**市长（区长）我想对您说** 以"市长（区长）我想对您说"为主题，向珠海市市长或者斗门区区长谈谈你对如何提升政府权威的建议。	学生通过"畅言课堂"的微信群交流功能自由探讨、交流，积极参与政治生活，提高自己的政治核心素养，敢于表达自己的合理意见。
评价反馈	**（一）教学评价** （1）2018年3月8日，习近平总书记在参加山东代表团审议《政府工作报告》时说，"功成不必在我"，不是消极、怠政、不作为，而是要牢固树立正确的政绩观，既要做让人民群众看得见、摸得着、得实惠的实事，也要做为后人做铺垫、打基础、利长远的好事；既要做显绩，也要做潜绩。这启示各级政府及其工作人员应（A）。 ① 坚持依法行政，认真履行职责 ② 坚持以人为本，切实维护人民群众的合法权益 ③ 以求真务实的工作态度，树立政府的权威 ④ 执政为民，把维护人民群众的利益作为工作的出发点 A.①② B.②④ C.①③ D.②③ （2）公信力是政府的影响力和号召力，它是政府行政能力的客观结果，也是人民群众对政府的评价，反映着人民群众对政府的满意度和信任度。下列措施能有效提高某市政府公信力的是（C）。 ① 市委召开党外人士座谈会，共商该市经济和社会发展的大计 ② 市建设委员会落实新发展理念，推进市民广场绿色工程建设 ③ 各政府部门积极履行职责，不断强化自身市场竞争主体角色 ④ 各职能部门按《中华人民共和国行政许可法》规定，继续推进审批方式改革 A.①② B.①③ C.②④ D.③④	教师根据学生上传的答案，即时了解学生答案的准确率，讲评绝大多数的错题。还可发送类似的题继续训练，直至这个知识点过关为止。 学生通过平板电脑自主完成三维训练的题目，作业平台自动将学生的作答情况进行数据分析，及时反馈学生的学习情况。 参考答案： （1）A （2）C （3）D

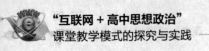
续 表

教学过程	教学内容	师生活动
评价反馈	（3）漫画"开箱晒权"对政府的政治意义在于（D）。 开箱晒权 ① 限制政府的权力，扩大政府的公共服务职能 ② 坚持依法行政，杜绝政府腐败行为的发生 ③ 更好地保障公民的知情权和监督权 ④ 增强政府工作的透明度，提高政府公信力 A.①② 　 B.②③ 　 C.①④ 　 D.③④ **（二）教学反馈** 本课在教学设计及教学过程中都十分重视引导学生关注生活和社会，鼓励学生积极参与政治生活，提高学生的政治核心素养，让学生热爱生活。比如，通过课前布置以小组为单位的合作探究，让学生从生活中感悟知识，用身边鲜活的事例来感悟政府的权威，自觉维护政府的权威，做一个有责任感的公民。让身边的生活和经验进入教学过程，让教学"活"起来，使学生在生活中领悟政治。 本节课通过"视频导入，走进生活""设置情境，合作探究""参与游戏，体验感悟""整合知识，升华情感""公共参与，提高素养"五个环节，环环紧扣，层层递进，多向互动，较好地实现了知识和能力以及情感、态度与价值观的三维目标。通过本节课的学习，学生对于政府有了更多的了解和认同，合作探究、公共参与和辩证思维等能力也有了一定的提升。	

（赵洪进、赵慧清）

人民代表大会：国家权力机关

【教学目标】

1. 知识目标

识记人民代表大会的性质和职权及我国的国家权力机关体系，了解人民代表大会的法律地位、权利和义务。

2. 能力目标

结合我国人民民主专政的国家性质和我国的国情，充分认识人民代表大会是我国人民行使国家权力的机关。通过教学培养学生理论联系实际的能力。

3. 情感、态度与价值观目标

通过本课的学习，让学生树立主人翁意识，认同人民代表大会的权威，增强其对社会的责任感和为社会主义政治文明建设而奋斗的政治责任感。

4. 核心素养目标

培养学生对人民代表大会的认同感，培养学生公共参与意识，积极行使人民当家做主的政治权利，履行义务。

【教学重难点】

（1）教学重点：人民行使国家权力的机关及人民代表大会的性质、地位和职权。

（2）教学难点：正确理解人民代表大会的职权和人民代表的权利和义务。

【教学设想】

本课所讲的"人民代表大会"的有关知识，学生在初中阶段已有了一些初步的认识，日常生活中也在电视、报纸、网络新闻中看到过有关人民代表大会的报道，因此我采用"2019全国人民代表大会会议"一例到底，利用"互联网+政治课堂"教学模式，贯彻理论联系实际原则，以学生为本，通过探究法、讨论法等提高学生小组合作的参与度，重视培养学生思维的深度和广度。

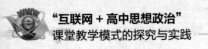
【教学方法】

在互联网环境下，利用平板电脑等终端设备，采用情境导入法、活动探究法、集体讨论法、情感升华法开展教学。

【教学过程】

教学过程		教学内容	师生活动
学习任务		（1）上网观看2019全国人民代表大会有关视频。 （2）上网学习微课《2019全国人民代表大会会议知多少？》。 （3）阅读教材，回答以下问题： ① 在我国，人民如何行使国家的权力？ ② 人民行使国家权力的机关有哪些？分别从性质、地位、职权等方面去认识和比较这些国家机关。 ③ 谁肩负着人民的重托？他们如何肩负人民的重托？	课前教师在网上发布学习任务清单，学生上网观看微课，完成教师布置的学习任务，学生完成后在网上提交。
新课导入		阳春三月看什么？看两会。 两会知多少？ （1）两会分别是什么会议？ （2）今年召开的两会是第几届第几次会议？ （3）两会几年一届？ （4）两会几年一次？ （5）两会一般什么时候召开？	教师展示图片，创设情境，设置问题。 学生根据课前观看的视频和微课回答问题，初步将问题与知识进行结合。
自主合作探究	探究活动1	播放视频一： 《十三届全国人民代表大会二次会议开幕：李克强做政府工作报告》。 （视频是根据教材内容需要经过编辑的，约3分钟） 问题： （1）视频中在召开什么会议？它的性质是什么？ （2）李克强在向全国人民代表大会做什么报告？为什么要向全国人民代表大会做报告？这说明全国人民代表大会处于什么地位？全国人民代表大会是在履行什么职权？ （3）全国人民代表大会每年召开几次？在全国人民代表大会闭会期间，由谁来行使管理国家和社会的权力？	教师利用平板电脑播放视频一，并发布探究问题。 学生带着问题观看视频，在观看视频的过程中吸收、提取有效信息。 教师组织学生分组讨论交流及回答。

续 表

教学过程		教学内容	师生活动
自主合作探究	探究活动1	（4）地方有人民代表大会吗？地方各级人民代表大会和全国人民代表大会一样吗？（性质、地位、职权、常设机关等方面）。 展示：知识归纳。 人民行使国家权力的机关如下。 **（一）人民代表大会** （1）性质：最高国家权力机关。 （2）地位：在我国国家机关体系中居于最高地位，其他中央国家机关都由它产生，对它负责，并受它监督。 （3）职权：最高立法权、最高决定权、最高任免权、最高监督权。 （4）常设机关：全国人民代表大会常务委员会。 **（二）地方各级人民代表大会** （1）性质：地方国家权力机关。 （2）作用：讨论决定并监督实施本行政区域内的一切重大问题。 （3）地位：与全国人民代表大会一起构成了我国国家权力机关的完整体系。 （4）职权：立法权、任免权、决定权、监督。 （5）常设机关：地方各级人民代表大会常务委员会。 教师点拨： （1）全国人民代表大会常委会在全国人民代表大会闭会期间行使全国人民代表大会的部分职权。 （2）我国宪法规定："人民行使国家权力的机关是全国人民代表大会和地方各级人民代表大会。" 人民代表大会 ── 全国人民代表大会及其常务委员会 人民代表大会 ── 地方各级人民代表大会及其常务委员会	学生分组讨论交流，形成答案并自由回答。 根据学生的回答，师生一起适时进行知识归纳梳理。 教师利用平板电脑展示知识归纳。 学生做好笔记。 学生阅读课本P55的全国人民代表大会及其常务委员会组织系统，了解全国人民代表大会及其常务委员会的组织系统。 学生根据教师点拨进一步理解疑难点。

续 表

教学过程			教学内容				师生活动
自主合作探究	探究活动1	全国人民代表大会职权	（3）全国人民代表大会的职权与地方各级人民代表大会的职权比较。			地方各级人民代表大会职权	教师利用平板电脑展示"全国人民代表大会的职权与地方各级人民代表大会的职权比较"。
			最高立法权	立法权，即制定法律的权利。全国人民代表大会和全国人民代表大会常务委员会行使国家立法权	在全国人民代表大会及其常务委员会的授权下，省、自治区、直辖市等人民代表大会及其常务委员会可以制定地方性法规	立法权	
			最高决定权	宪法和法律赋予的全国人民代表大会及其常务委员会依照法定程序决定国家和社会内重大事项的权利	宪法和法律赋予各级人民代表大会和县级以上各级人民代表大会常务委员会依照法定程序决定本行政区域内重大事项的权利	决定权	学生通过对全国人民代表大会的职权和地方各级人民代表大会的职权的比较，清楚全国人民代表大会和地方各级人民代表大会各个职权的内容以及各个职权之间的区别与联系。
			最高任免权	全国人民代表大会及其常务委员会对中央国家机关领导人员及其他组成人员进行选举、任命、罢免、撤职等权利	各级人民代表大会及其常务委员会对本地国家机关领导人员及其他组成人员进行选举、任命、罢免、撤职等权利	任免权	
			最高监督权	监督宪法和法律实施，监督政府、监察委员会、法院和检察院工作的权利	监督宪法和法律实施，监督本地政府、监察委员会、法院和检察院工作的权利	监督权	

续 表

教学过程		教学内容	师生活动
自主合作探究	探究活动1	（4）全国人民代表大会是我国的立法机关。 （5）乡、镇不设监察委员会、法院和检察院。 （6）在我国，人民如何行使国家的权力？ 人民 — 直接或间接选举 → 人民代表大会代表 人民代表大会代表 — 组成 → 人民代表大会 人民 ← 对其负责 — 人民代表大会代表 国家权力 ← 统一行使 — 人民代表大会 人民代表大会 — 产生 → 行政机关、审判机关、检察机关、监察机关等 行政机关、审判机关、检察机关、监察机关等 — 对其负责 → 人民代表大会 管理国家和社会的权力 ← 具体行使 — 行政机关、审判机关、检察机关、监察机关等	学生阅读课本P56的人民代表大会的职权，进一步理解知识。 教师利用平板电脑发布课堂练习题。 学生做课堂练习——判断并纠正（略），利用平板电脑抢答或随机作答。
	探究活动2	播放视频二： 《十三届全国人民代表大会二次会议表决通过了〈中华人民共和国外商投资法〉》。 （视频是根据教材内容需要经过编辑的，约2.5分钟） 问题： （1）视频中的会议参加者，他们还有个什么名字？他们是如何产生的？他们有什么样的法律地位？ （2）全国人民代表大会的代表们表决通过了《中华人民共和国外商投资法》，这表明人民代表大会的代表在行使什么权利？除此之外，人民代表大会的代表还有哪些权利？又该履行哪些义务？ 展示：知识归纳 肩负人民的重托： **（一）人民代表大会代表的产生、地位** （1）产生：由人民直接选举或间接选举产生，每届任期为五年。	教师利用平板电脑播放视频二，并发布探究问题。 学生带着问题观看视频，在观看视频的过程中吸收、提取有效信息。 教师组织学生分组讨论交流及回答。 学生分组讨论交流，形成答案并回答。

续表

教学过程		教学内容	师生活动
自主合作探究	探究活动2	（2）地位：人民代表大会的代表是国家权力机关的组成人员，人民代表大会是国家权力的直接行使者。 展示：知识归纳 **（二）人大代表的权利和义务** （1）人大代表的权利：审议权、表决权、提案权、质询权。 （2）人大代表的义务：协助宪法和法律的实施。 密切联系群众。 听取和反映群众意见和要求。 为人民服务，对人民负责，接受人民的监督。 教师点拨： 区分人民代表大会四项职权关键是看具体的内容，而不能只看文字表述中有无"决定"两个字。 如果是关于法律的立、废、改的决定，则是立法权。 如果是关于"一府两院"的工作报告的审查，则是监督权。 如果是关于国家大政方针规划的通过，则是决定权。 如果是对国家机关干部任免的决定，则是任免权。	根据学生的回答，师生一起适时进行知识归纳梳理。 教师利用平板电脑展示知识归纳。 学生做好笔记。 教师利用平板电脑发布课堂练习。 学生做课堂练习——根据材料填空（略），利用平板电脑随机作答。让学生进一步巩固理解已学知识的同时，明确人民代表大会代表的权利和人民代表大会的职权的区别。

续 表

教学过程	教学内容	师生活动
自我升华	（1）自主构建知识体系 展示： 行使国家权力的机关 ← 人民代表大会 { 全国人民代表大会 / 地方各级人民代表大会 } 组成 ↑ 人民 —选举→ 人民代表大会代表 { 产生、地位 / 权利、义务 } （2）十三届全国人民代表大会二次会议到大会主席团决定的代表提出议案截止时间，大会秘书处议案组共收到代表提出的议案491件。其中，代表团提出的14件，代表联名提出的477件。同时，议案组收到代表提出的建议、批评和意见约8000件。"为老百姓说话"成为许多代表一直恪守的一条重要原则。代表提出的议案中"保障和改善民生"成为热点之一。在保障和改善民生方面，提出修改未成年人保护法、老年人权益保障法等，制定个人信息保护、学前教育等方面的法律，增强人民群众的获得感、幸福感、安全感。 结合上述材料说说人民代表大会代表为什么要"为老百姓说话"？如果你是一名人民代表大会代表，你认为应该如何更好地"为老百姓说话"？	学生自己构建知识体系，并与教师和其他同学的比较后进行修改完善。学生在平板电脑上分享各自的知识建构，教师点拨、分享。 教师利用平板电脑发布材料及交流的问题，组织学生分组讨论。 学生阅读材料，分组讨论交流，形成答案并回答。通过拍照的方式上传同屏给全班同学分享。同屏分享后学生自由起身回答。
评价反馈	（一）教学评价 （1）共享单车问世以来，以随用随骑、网上支付的便捷和节能环保等特点迅速俘获人心，但同时出现了公共配套设施匮乏、乱停放和单车毁坏严重等问题，解决上述问题需（B）。 A. 政协委员行使质询权，责令企业加强公共停车场的建设 B. 公民积极履行监督的义务，维护新生事物的健康发展 C. 各级人民代表大会行使立法权，制定相关法律，维护市场秩序 D. 政府加强基础设施建设，广泛进行文明宣传和教育	1. 学生通过平板电脑上传自己的答案。 参考答案： （1）B （2）D （3）B （4）C （5）C （6）A

教学过程	教学内容	师生活动
评价 反馈	（2）2018年5月，山东省人民代表大会常务委员会就大气污染防治等环境保护问题询问有关部门负责人。省政府19个部门、单位负责人应询，省环保厅等8个应询单位负责人回答了相关问题，使公民对山东省大气污染防治情况有了更多了解。这体现了（D）。 ①公民依法参与民主管理 ②人民代表大会依法行使质询权 ③人民代表大会具有对政府的监督权 ④政府坚持人民负责的原则 A.①②　　B.①③　　C.②④　　D.③④ （3）作为一部与网购族息息相关的法律，《中华人民共和国电子商务法（草案）》于2018年8月28日第四次提交全国人民代表大会常务委员会审议。8月31日，全国人民代表大会常务委员会高票通过了《中华人民共和国电子商务法》。这一过程表明全国人民代表大会常务委员会（B）。 ①行使决定权 ②行使国家立法权 ③是我国的法律监督机关 ④坚持民主集中制原则 A.①③　　B.①④　　C.②③　　D.②④ （4）2019年两会期间，某人大代表说，准备提案，前期调研必不可少。调研不能是会前"一阵风"，而是一个日积月累的长期过程，必须要花些时间精力深入一线、走进基层，了解民情。倾听民意，代表责无旁贷。可见，当好人民代表大会代表（C）。 ①需要广泛听取和反映人民群众的意见 ②要发挥先锋模范作用，做到执政为民 ③要反映民意，审慎行使自己的提案权 ④要参与行使决定权，接受人民监督 A.①②　　B.②④　　C.①③　　D.③④	2.教师根据学生上传的答案，即时了解学生答案的准确率，讲评绝大多数的错题。还可发送类似的题继续训练，直至这个知识点过关为止。

教学过程	教学内容	师生活动
评价 反馈	（5）中华人民共和国成立以来，根据我国民族状况的自身特点，民族自治地方的人民代表大会依据全国人民代表大会制定的有关法律，先后制定了若干自治条例和单行条例；全国依法建立了155个民族自治地方，少数民族当家做主的权利得到了充分保障。同时，国家采取一系列举措，加大支持力度，促进了民族自治地方的经济发展和社会进步。材料表明，我国（C）。 ① 人民代表大会是国家权力机关 ② 人民代表大会行使国家立法权 ③ 依法保护公民的政治权利和自由 ④ 各民族享有相同的权利 A.①② 　B.③④ 　C.①③ 　D.②④ （6）2018年3月，参加全国两会的人民代表大会代表和政协委员的提案数量多、质量高，包括经济、政治、文化、环保、科技、三农、社保、民生、税收等方面内容。这表明（A）。 ① 人大代表积极行使职权，依法行使提案权，以解决实际问题 ② 政协委员通过参政议政，促进社会普遍关心问题的解决 ③ 人大代表通过行使表决权，将人民群众的根本利益上升为国家意志 ④ 政协委员作为国家权力机关组成人员，积极行使权利 A.①② 　B.①③ 　C.②④ 　D.③④ **（二）教学反馈** 本节课的内容在日常生活中经常能接触到，所以课前让学生上网观看2019全国人民代表大会有关视频，可以调动学生的兴趣，提高学生的学习参与度，也可以扩大学生的知识面。	

（刘玲玲）

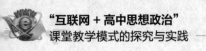

处理民族关系的原则：平等、团结、共同繁荣

【教学目标】

1. 知识目标

了解我国的民族概况，懂得我们伟大的祖国是全国各族人民共同缔造的；理解我国新型民族关系、处理民族关系的原则以及如何巩固新型的民族关系。

2. 能力目标

强调学生的主体地位和教师的主导作用的统一，通过视频、图片、自主阅读、讨论探究等多种形式和方法，激发学生的积极性，提升学生的综合素质。

3. 情感、态度与价值观目标

培养学生尊重不同民族的风俗习惯，与不同民族团结友爱、和睦相处的观念，逐步自觉地承担起巩固和发展社会主义民族关系的使命。

4. 核心素养目标

通过西藏民主改革60周年所取得的伟大成就和珠海市对口支援林芝市的米林县等合作探究增强学生的政治认同感，通过分析拉萨"314"打砸抢烧事件强化学生的科学精神和法治意识，在查找"我们伟大的祖国是全国各族人民共同缔造的"的合作探究中提升学生的公共参与素养。

【教学重难点】

（1）教学重点：①理解我国处理民族关系的基本原则；②理解巩固社会主义民族关系该做什么。

（2）教学难点：理解我国处理民族关系的基本原则。

【教学设想】

（1）通过播放歌曲视频《民族团结一家亲》让学生自主学习，掌握我国的民族概况。

（2）通过西藏民主改革60周年的案例，让学生理解平等、团结、互助、和谐的社会主义民族关系。

（3）通过"伟大的祖国是全国各族人民共同缔造的"、拉萨"314"打砸抢烧事件、珠海市对口支援林芝市的米林县，三个合作探究主题，发挥学生的主体地位，突破重难点。

（4）围绕"巩固社会主义民族关系，我们该做什么"让学生畅所欲言，最后在歌曲《爱我中华》中，升华情感，坚定学生的民族团结信念。

【教学方法】

在互联网环境下，利用平板电脑等终端设备，采用视频导入法、活动探究法、合作讨论法、情感升华法等开展教学。

【教学过程】

教学过程	教学内容	师生活动
学习任务	（1）学生观看微课"我国处理民族关系的基本原则"，完成相应表格并上传。 （2）预习并构建本课知识点思维导图，上传至智慧课堂系统的作业平台。 （3）完成自主预习检测题并上传，作业平台自动将学生的作答情况进行数据分析，及时反馈学生的学习情况。 （4）学生以学习小组为单位，通过互联网分别负责查找"我们伟大的祖国是全国各族人民共同缔造的"合作探究中的某一个点的史实。	课前，教师在网上发布学习任务清单，学生完成后在网上提交。 学生在课前观看微课、上网完成自主学习检测题目，通过互联网收集相关资料，阅读教材完成学习任务。
新课导入	我国的民族概况： 播放歌曲视频《民族团结一家亲》。 在我们伟大祖国_____万平方千米的土地上，居住着_____个民族。除汉族外，其他_____个民族因为_____，所以我们习惯上称之为少数民族。_____是定居在中国土地上所有民族的总称。我国是一个统一的多民族国家，这是我国的重要国情之一。	学生观看视频后，完成填空，说出我国的民族概况。

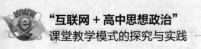
续 表

教学过程		教学内容	师生活动
自主探究	探究活动1	我国社会主义民族关系的建立： 播放视频：《西藏民主改革60周年》。 2019年是西藏民主改革60周年。民主改革是西藏历史上最伟大最深刻的社会变革。60年前的民主改革，对西藏地方和西藏各族人民而言，是一次新生，意义非同寻常。1959年3月28日，中国共产党领导西藏各族人民在雪域高原上展开了波澜壮阔的民主改革运动，政教合一的封建农奴制在西藏终结，百万农奴从此当家做主。2009年1月19日，西藏自治区九届人民代表大会二次会议决定，将每年的3月28日设为西藏百万农奴解放纪念日。 多媒体展示图片：旧西藏和今天的西藏（既有取得的伟大成就，也有发展不平衡的状况）。 合作探究：西藏民主改革60年实现了历史性的跨越，说明了什么？ 得出结论： 中华人民共和国成立后，我国铲除了民族压迫和民族歧视的阶级根源，逐步形成了平等、团结、互助、和谐的社会主义民族关系，但历史遗留下来的各民族之间的经济、文化等发展不平衡的状况依然存在，且不可能在短期内消除。 同时，西藏实现历史性跨越也有力地说明了我国处理民族关系的原则的正确性。那么，我国处理民族关系的基本原则是什么呢？这就是我们这一节课所要学习的主要内容。	以问题为导向，学生观看视频和图片，以学习小组为单位合作讨论，或者通过微信群交流功能自由探讨、交流，并通过平板电脑上传功能展示答案。
	探究活动2	我国处理民族关系的基本原则： 合作探究1： 我们伟大的祖国是全国各族人民共同缔造的： ① 各族人民共同开发祖国的疆域。 ② 各族人民共同发展了祖国的经济和文化。 ③ 各族人民共同开拓了祖国辽阔的疆域 ④ 各族人民与帝国主义、封建主义、资本主义进行斗争，为中华人民共和国的成立做出了贡献。 请结合历史课学习的知识，用史实印证上述观点。	围绕4个方面，学生以学习小组为单位，通过互联网分别负责查找其中某一个点的史实，并通过平板电脑上传功能展示答案。

续 表

教学过程		教学内容	师生活动
自主探究	探究活动2	得出结论： **（一）民族平等原则** （1）含义：各民族都依法平等地享有政治、经济、文化和社会等方面的权利，依法平等地履行应尽的义务。 （2）原因： ① 各民族只有人口多少和发展程度上的区别，绝无高低优劣之分。 ② 我国各族人民都对祖国的文明做出了贡献，都是国家的主人。 （3）表现：（开展"看谁说得多"抢答游戏） ① 在我国汉族人口占91.99%，少数民族占8.01%，而汉族人民代表大会代表占85.64%，少数民族人大代表占14.36%。 ② 目前，全国55个少数民族中，有53个少数民族有自己的语言，语种达80多种；21个少数民族有现行的本民族文字27种，这些文字都实现了计算机信息处理。 ③ 西藏中小学普遍实行藏语教学或藏汉语双语教学，从小学到高中共16门学科的181种课本、122种教学参考书和16种教学大纲被编译成藏文。 ④ 人民币上都印有蒙古、维吾尔、藏、壮、汉五种文字。 合作探究2： 在民族平等的基础上，我国形成了各族人民和睦相处、友好往来、互相合作、共同奋斗，谁也离不开谁的大团结局面。 探究问题： （1）如果你在学校进行民族团结宣传，你会通过哪些事例来说明古往今来中华民族团结一家亲？ （2）在我国，是否存在民族冲突和纷争？对我们有什么启示？ 得出结论： **（二）民族团结原则** （1）含义：各民族在社会生活和交往中形成了和睦相处、友好往来、共同奋斗，谁也离不开谁的关系。	学生运用"智慧课堂"系统的抢答功能，以学习小组为单位，开展"看谁说得多"抢答游戏，调动学生的积极性，活跃课堂气氛。 学生以学习小组为单位，围绕问题，合作讨论，或者通过微信群交流功能自由探讨、交流，总结出民族团结的含义及重要性。

教学过程		教学内容	师生活动
自主探究	探究活动2	（2）重要性： ① 民族团结是衡量一个国家综合国力的重要标志之一。 ② 民族团结是社会稳定的前提。 ③ 民族团结是经济发展和社会进步的保证。 ④ 民族团结是国家统一的基础。 合作探究3： 多媒体展示图片和材料： 广东省第八批援藏工作对口支援林芝市，珠海市对口支援林芝市的米林县。珠海利用市场资源，搭建发展平台，开展招商引资，推动当地特色优势产业发展，为米林县引进可带动效益的产业项目。已有珠海华发集团、珠海美光源科技、北京易能控股、北京仁和控股等34家知名企业落户米林县，投资53亿元。 珠海市2017至2020年对口支援米林县项目共五大类13个、资金2.1亿多万元，对口支援米林县农场项目两大类6个、资金2340万元。 探究问题：结合上述材料，说明我国坚持什么民族原则？为什么要坚持这个原则？ 得出结论： **（三）各民族共同繁荣原则** （1）含义：在民族平等、民族团结的前提下，实现各民族共同发展、共同富裕、共同繁荣。 （2）原因： ① 由社会主义的本质决定。 ② 各民族共同繁荣是国家实现现代化和中华民族实现伟大复兴的必然要求。 明辨易错： 共同繁荣不仅指各民族经济共同繁荣，还包括政治、文化的共同繁荣。共同繁荣不是同步繁荣、同等繁荣、同时繁荣。 思维拓展： 我国处理民族关系的三个基本原则之间的关系： 民族平等 —政治基础→ 民族团结 前提条件／物质基础　前提条件／物质基础 各民族共同繁荣	学生以学习小组为单位，围绕问题，合作讨论，或者通过微信群交流功能自由探讨、交流，总结出坚持各民族共同繁荣原则的原因。

教学过程		教学内容	师生活动
自主探究	探究活动3	**（四）巩固社会主义民族关系，我们该做什么？** 合作探究： 请以学习小组为单位，结合教材P76的探究活动，围绕"巩固社会主义民族关系，我们该做什么"畅所欲言。 （1）你知道哪些少数民族的风俗习惯？对于少数民族的风俗习惯，你的态度是什么？ （2）如果有人片面强调民族特点，忽视国家整体利益，甚至制造民族纠纷，你会怎么做？ （3）珠海市对口支援西藏林芝市的米林县，你能做的是什么？ 学生分组讨论3分钟后，各组派代表发表观点。 得出结论： （1）珍惜、巩固和发展平等、团结、互助、和谐的社会主义民族关系。 （2）自觉履行维护国家统一和全国各民族团结的义务。 （3）增强中华民族共同体意识，以实际行动共同维护和发展社会主义民族关系。	学生以学习小组为单位，围绕材料，合作讨论，或者通过微信群交流功能自由探讨、交流，各组派代表发表观点。总结出为了巩固社会主义民族关系，作为当代青年学生该做什么。
自我升华		播放歌曲视频《爱我中华》，升华情感，坚定学生的民族团结信念。	学生认真聆听歌曲，在动听的歌声和激昂的旋律中，坚定自己的民族团结信念。
评价反馈		**（一）教学评价** （1）"十三五"时期，我国要深入实施西部大开发，支持民族地区加快发展，加强发达省区对口支援西藏、新疆、广西等民族地区的工作。这一做法体现出我国在处理民族问题时坚持（A）。 ①民族团结的原则 ②各民族共同繁荣的原则 ③民族区域自治的原则 ④促进少数民族地区优先发展的原则 A.①②　　B.①③　　C.③④　　D.②④	1. 学生通过平板电脑自主完成训练的题目，并通过平板电脑上传自己的答案。 参考答案： （1）A （2）B 2. 教师根据学生上传的答案，即时了解学生答案的准确率，讲评绝大多数的错题。还可发送类似的题继续训练，直至这个知识点过关为止。

续 表

教学过程	教学内容	师生活动
	（2）习近平总书记指出各民族要像石榴籽那样紧紧抱在一起。作为青年学生应该（B）。 A. 努力消除与少数民族在风俗习惯上的差别 B. 自觉履行维护国家统一和民族团结的义务 C. 把维护民族团结当作民族工作的根本任务 D. 珍惜平等团结和共同繁荣的新型民族关系 3. 通过互联网收集关于民族团结或各民族共同繁荣的典型案例，通过"智慧课堂"系统上传，与其他同学分享。	
评价 反馈	（二）教学反馈 本框是人教版高中思想政治必修二、政治生活第三单元第七课第一框，它是第七课的中心，同时也是重点。在教学过程中，通过西藏民主改革60周年、伟大的祖国是全国各族人民共同缔造的、珠海市对口支援林芝市的米林县等案例及合作探究，使学生在兴趣中学习知识，在学习中提高核心素养，发挥学生的主体地位，突破重难点。互联网信息技术的使用，如"智慧课堂"系统的抢答功能、上传展示功能、题目完成情况即时分析等，进一步增强了教学效果，达到了新课标的目标要求。	

（赵洪进、赵慧清）

坚持国家利益至上

【教学目标】

1. 知识目标

了解国际关系的含义、内容和形式；识记维护我国国家利益的原因、我国国家利益的主要内容；理解国家利益是国际关系的决定性因素；理解在维护本国利益的同时，必须尊重他国合理的国家利益。

2. 能力目标

通过分析"一带一路"国际合作、中美两国交往等典型事例，说明国家利益是国际关系的决定性因素，培养学生透过现象看本质的能力；通过分析如何维护我国的国家利益，培养学生理论联系实际的能力。

3. 情感、态度与价值观目标

增强民族自尊心和自信心，坚定地维护我国的国家利益，培养学生的历史使命感，同时提高学生的合作意识。

4. 核心素养目标

通过"一带一路"所取得的伟大成就，加深学生对"一带一路"的认识，增强学生的政治认同感；在分析问题、解决问题的过程中培养学生的科学精神；在分析我国坚决反对美国向台湾出售武器中强化学生的法治意识；在怎样维护国家利益的讨论中提升学生的公共参与素养。

【教学重难点】

（1）教学重点：国家利益是国际关系的决定因素，坚定地维护我国的国家利益。

（2）教学难点：如何维护我国的国家利益。

【教学设想】

（1）通过播放视频"'一带一路'成长记"、展示时事热点图片让学生自

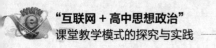

主学习、合作探究，掌握国际关系的含义、内容、基本形式。

（2）"一带一路"的朋友圈为什么一直能扩容？美国为什么没有同中方签署"一带一路"合作文件？让学生通过互联网查找案例，展示合作成果，通过具体案例得出关于国际关系的决定性因素和国家利益的相关知识，提高学生的理论联系实际、公共参与等能力。

（3）通过中方坚决反对美国向台湾出售武器，与学生讨论为什么要维护我国的国家利益，应该如何维护我国的国家利益等，增强学生的法律意识和政治认同感。

【教学方法】

在互联网环境下，利用平板电脑等终端设备，采用视频导入法、活动探究法、合作讨论法、情感升华法等开展教学。

【教学过程】

教学过程	教学内容	师生活动
学习任务	（1）学生预习课本并构建本课知识点思维导图，上传至"智慧课堂"系统的作业平台。 （2）完成自主预习检测题目并上传，作业平台自动将学生的作答情况进行数据分析，及时反馈学生的学习情况。 （3）学生以学习小组为单位，通过互联网分别负责查找一个同中方签署"一带一路"合作文件的国家或者国际组织，举例说明双方存在什么共同利益。 （4）个别小组负责通过互联网查找美国和中国存在哪些利益的相悖，从而导致没有同中方签署"一带一路"合作文件。	课前，教师在网上发布学习任务清单，学生完成后在网上提交。 学生在课前上网完成自主学习检测题目等，通过互联网等调查收集相关资料，阅读教材完成学习任务。
新课导入	播放视频"'一带一路'成长记"。	学生观看视频，回顾上节课的内容，即国际社会的主要成员都有哪些？为正式授课做准备。

教学过程		教学内容	师生活动
自主探究	探究活动1	**国际关系的含义、内容、形式：** 展示时事热点图片。 （2018年12月，习近平应邀同特朗普举行会晤；2019年5月，中美就贸易摩擦问题进行磋商；2019年首届中法时尚文化交流盛典在武汉举行；2019年4月，60多个国家的海军代表团应邀参加中国人民解放军海军建军70周年庆祝活动。共4张。） 合作探究： （1）这些国际交往涉及了哪些主体？ （2）交往的内容是什么？ （3）交往都有哪些形式？ 引出国际关系的含义（指国家之间、国际组织之间、国家与国际组织之间的关系。其中最主要的是国家之间的关系）、国际关系的内容（政治关系、经济关系、文化关系、军事关系等）和国际关系的基本形式（竞争、合作和冲突）。	学生以学习小组的方式合作讨论，或者通过微信群交流功能自由探讨、交流，并通过平板电脑上传功能展示答案。
	探究活动2	**国际关系决定性因素：** 通过情境设置问题引发学生思考： 2019年4月25日至27日，第二届"一带一路"国际合作高峰论坛在北京成功举行。来自150个国家、92个国际组织的6000余名外宾参加了论坛。目前，已有127个国家和29个国际组织同中方签署"一带一路"合作文件。共建"一带一路"的朋友越来越广、伙伴越来越多、合作越来越深入。 合作探究1："一带一路"的朋友圈为什么一直能扩容？美国为什么没有同中方签署"一带一路"合作文件？ 得出结论： 国家利益是国家生存与发展的权益，国家利益不是抽象的，归根结底是该国统治阶级意志和利益的体现。维护国家利益是主权国家对外活动的出发点和落脚点。共同利益是合作的基础，利益的相悖则是对立和冲突的根源。 思维拓展：国际关系的决定因素≠唯一因素。	学生以学习小组为单位，通过互联网分别查找一个同中方签署"一带一路"合作文件的国家或者国际组织，举例说明双方存在什么共同利益，通过平板电脑上传功能展示。 个别小组负责查找美国和中国存在哪些利益的相悖，从而导致没有同中方签署"一带一路"合作文件。 通过查找，让学生体会共同利益是合作的基础，利益的相悖则是对立和冲突的根源。

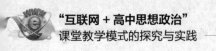
续　表

教学过程		教学内容	师生活动
自主探究	探究活动2	除此之外，还有地理位置、历史、国家力量等多种因素。国家利益是多种因素作用的结果，是影响国际关系的决定性因素，但并不是唯一因素。 合作探究2：2019年4月中旬，美国国防安全合作局发布消息称，美国国务院决定批准一笔新的对台军售，美国将继续为在美国空军受训的台空军F–16飞行员提供训练和后勤，整个服务预计费用为5亿美元。对台军售对美国最少有两个好处：一是利用台湾问题来跟中国进行博弈；另外，这也是一笔不菲的收入。 美国为得到自己相应的战略利益和实际的经济利益而对台军售，那是不是可以说，为了国家利益就可以为所欲为？ 得出结论： 任何国家都不应以维护本国国家利益为理由，侵犯别国的主权和安全，干涉别国内政。侵犯别国内政的行为，是非正义的、错误的，应当受到谴责和反对。	学生以学习小组为单位，围绕材料，合作讨论，或者通过微信群交流功能自由探讨、交流，总结出任何国家都不应以维护本国国家利益为理由，侵犯别国的主权和安全，干涉别国内政。
	探究活动3	**坚定地维护我的利益：** 通过情境设置问题引发学生思考：2019年4月中旬，中国外交部发言人陆慷表示，美国向台湾出售武器严重违反中美三个联合公报，特别是《八一七公报》规定，干涉中国内政，损害中国主权和安全利益，中方对此坚决反对，已向美方提出严正交涉。台湾问题事关中国主权和领土完整，涉及中国核心利益，中方要求美方恪守"一个中国"原则和中美三个联合公报规定，撤销上述对台军售计划，停止售台武器和美台军事联系，以免对中美重要领域合作和台海和平稳定造成严重损害。 合作探究：以上材料体现了哪些政治生活道理？ 得出结论： **我们要坚定地维护我的国家利益：** （1）我们为什么要维护我国的国家利益？ ① 国家利益是国家生存与发展的权益。维护国家利益是各国制定和确定对外政策的基本依据，是主权国家对外活动的出发点和落脚点。	学生通过课本找出我国的国家利益包括哪些内容。学生以学习小组为单位，围绕材料，合作讨论，或者通过微信群交流功能自由探讨、交流，总结出我们为什么要维护我国的国家利益，我们怎样维护我国的国家利益。

教学过程		教学内容	师生活动
自主探究	探究活动3	② 我国是人民民主专政的社会主义国家,国家利益与人民的根本利益是一致的,维护我国的国家利益就是维护广大人民的根本利益,是完全正当的、正义的。 (2)我们怎样维护我们的国家利益? ① 从国家的角度:我国在维护自身利益的同时,兼顾他国合理关切,在谋求本国发展中促进各国共同发展。此外,还要增强我国的综合国力,反对霸权主义。 ② 从青年学生的角度:要树立国家观念、民族意识,增强民族自豪感、自尊心、自信心。此外,还要努力学习,提高自身素质,同一切损害国家利益的现象进行斗争。	
自我升华		**聆听经典 为国自强** 播放"学习强国"平台中的快闪视频《我和我的祖国》,升华情感,增强学生的爱国情怀。	学生认真聆听经典,在动听的歌声和激昂的旋律中,增强爱国情怀,自强不息,努力维护自己的国家利益,兼顾他国合理关切。
评价反馈		**(一)教学评价** (1)2018年5月31日,美国决定对其传统盟友加拿大、欧盟的钢铝产品分别征收10%和25%的关税。随之加拿大、欧盟先后宣布将对美国商品征收报复性关税。这在一定程度上佐证了(D)。 ① 国际关系的实质是一种利益关系 ② 合作与冲突是国际关系的基本内容 ③ 国家利益是国际关系的决定性因素 ④ 国家间的共同利益是国家合作的基础 A.①④　　B.②④　　C.②③　　D.①③ (2)美售台武器严重危害中国国家安全,损害中国的国家利益,给中美两国两军关系带来严重干扰,给中美合作大局和台海和平稳定造成严重损害。这说明(C)。 A.竞争、合作是国际关系的基本形式 B.主权国家是国际关系的主要参加者 C.利益的对立是引起冲突的根源 D.国际组织在国际社会中发挥着积极作用	1.学生通过平板电脑上传答案。 参考答案: (1)D (2)C (3)A 2.教师根据学生上传的答案,即时了解学生答案的准确率,讲评绝大多数的错题。还可发送类似的题继续训练,直至这个知识点过关为止。

续　表

教学过程	教学内容	师生活动
评价 反馈	（3）2018年6月3日，中国在中美全面经济对话中强调，中美之间达成的成果都应基于双方相向而行、不打贸易战这一前提。如果美方出台包括加征关税在内的贸易制裁措施，双方谈判达成的所有经贸成果将不会生效。这表明（A）。 ①国际关系的形式是复杂多样的 ②利益对立是引起国家冲突的根源 ③处理国际问题应当立足双方共同利益 ④国家利益是国家间合作的重要基础 A.①②　　B.③④　　C.②③　　D.①④ （二）教学反馈 本节课在教学过程中运用时政热点材料，创设情境，让学生围绕问题先自主学习，然后合作探究。通过对材料和事例的分析，层层递进，环环相扣，让学生较好地了解国际关系的含义、内容和形式，理解国家利益是国际关系的决定性因素，增强民族自尊心和自信心，坚定地维护我国的国家利益。互联网技术的运用，使师生互动、生生互动更快捷有效，课堂气氛热烈，结构紧凑。	学生通过平板电脑自主完成三维训练的题目，作业平台自动将学生的作答情况进行数据分析，及时反馈学生的学习情况。

（赵洪进、赵慧清）

和平与发展：时代的主题

【教学目标】

1. 知识目标

（1）了解战争的危害，知道中国人民在抗日战争中为人类和平所做的贡献。

（2）理解威胁和平的因素及恐怖主义的危害。

（3）认识世界发展的不平衡性，明确导致贫困的原因和危害，理解如何消除贫困。

（4）正确理解和平与发展是当今时代的主题。

2. 能力目标

（1）通过课前自主学习环节中的"知识建构"培养学生归纳和整合知识的能力。

（2）通过网络收集资料、整理资料，培养学生的收集、甄别材料的能力。

（3）通过情境创设、设问法、讲授法培养学生分析问题的能力。

3. 情感、态度与价值观目标

通过学习培养学生的全球观念，增强忧患意识，使学生热爱社会主义祖国，维护世界和平，推动世界发展，为中国的和平崛起而奋斗。

4. 核心素养目标

通过本节课的学习，让学生明确理解中国主张和中国作为，积极参与人类命运共同体的建设。

【教学重难点】

（1）教学重点：和平与发展是当今时代的主题。

（2）教学难点：①威胁和平的因素有哪些？（霸权主义与恐怖主义）②消除贫困、促进发展的追求永无止境。

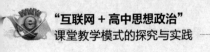

【教学设想】

本节课所讲的"和平与发展"的有关知识，网络资源特别丰富，因此采取"互联网+"的教学模式。

1. 课前准备

（1）学生预习课本并建构知识网络，上传作业。

（2）上网收集相关的资料。

2. 课堂教学

通过"回顾历史—认清现实—展望未来"三个探究活动让学生了解和平与发展为什么能成为当今时代的主题，同时让学生明确和平与发展的辩证关系。

3. 课后巩固

通过作业平台及时评价和反馈学生对和平与发展相关内容的把握情况，并培养学生爱好和平、促进发展的意识。

【教学方法】

自主建构、自主创作、收集整理、合作探究、交流分享。

【教学手段】

"互联网+思想政治课堂"教学。

【教学任务】

学生通过网络收集以下资源或准备以下知识：

（1）阅读教材并建构知识体系。

（2）查阅第二次世界大战的有关资料。

（3）收集近几年世界上局部战争与冲突的实例。

（4）通过网络了解联合国维和部队的相关资料。

（5）查阅叙利亚战争带给叙利亚哪些灾难。

（6）收集人类社会为了消除贫困、促进发展做出了哪些努力。

【教学过程】

教学过程	教学具体内容	师生活动
新课导入	视频资料："数说'叙利亚'之殇"。 探究与分享：看了视频资料，你有什么感受?	学生观看视频，根据课前查阅的相关资料了解和平与发展。
自主学习检验	**（一）点评知识建构** 和平与发展：时代的主题 呼唤和平、渴望发展的历史潮流 （1）和平成为当今时代的主题。 （2）当今世界仍不安宁，驱散战争的阴影、维护世界和平需要每个人的努力。 （3）世界经济发展不平衡现象仍然存在，发达国家与发展中国家间的差距仍然很大。 （4）人类社会消除贫困、促进发展的追求。 维护和平、促进发展的有效途径 （1）主要障碍 　霸权主义 　强权政治 （2）建立国际新秩序 （3）中国的主张、作为	学生代表谈谈对本课内容的理解。
	（二）自主学习检测（习题） 1. 建设持久和平、共同繁荣的和谐世界是各国人民的共同愿望，也反映了当今时代的主题是（D）。 A. 战争与和平　　　　B. 和平与发展 C. 机遇与挑战　　　　D. 公平与正义 2. 和平是人类最美好的愿望，但和平并未真正实现。威胁和破坏世界和平的因素有（A）。 ①领土争端　　　②恐怖主义 ③霸权主义　　　④民族宗教冲突 A.①②③④　B.①②④　C.①②③　D.①③④ 3. 据统计，全球仍有10亿人生活在极端贫困线以下，8.52亿人处于饥饿状态，每年500多万儿童因饥饿和营养不良而夭折。造成一些国家贫困和落后的原因是（B）。	学生通过平板电脑以抢答、随机作答等方式对自主学习的知识进行检验。

教学过程	教学具体内容	师生活动
自主学习检验	① 恶劣的自然条件和自然灾害 ② 频发的战争和动乱 ③ 大量饥饿人口的存在 ④ 落后的教育 A.①②③　　B.①②④　　C.①③④　　D.②③④	
自主探究　探究活动1	材料一：据统计，从公元前3200年到公元1964年的5164年间，全世界共发生14513次战争，期间只有392年处于和平时期，大约有36.4亿人死于战火，损失财富折合成黄金，可铺成一条宽150千米、足可绕地球8周的黄金带。 材料二：第一次世界大战VS第二次世界大战。 探究与分享： （1）战争带给了人类什么？ （2）你认为会发生第三次世界大战吗？谈谈你的理由。 思维点拨： ① 战争让人类付出了惨痛的代价，给人类带来的伤痛难以忘却。 ② 第二次世界大战是人类历史上规模空前的全球性战争，也是人类历史上的一场浩劫。 ③ 饱受战争之苦的人民深深感受到和平发展的可贵，采取多种方式维护世界和平： A.人们越来越致力于以和平谈判代替武力解决争端。 B.成立联合国，不断建立健全维护和平的机制。 C.派驻维和部队。 D.签署核不扩散条约。 ④ 和平与发展成为当今时代的主题。	学生分析材料、对比数据、观看图片，分小组讨论战争带给了人类什么。 通过对第一次世界大战和第二次世界大战的分析，请学生预测是否会发生第三次世界大战并说明理由。

以下为"材料二"中的表格内容：

	第一次世界大战	第二次世界大战
参战国和地区	33个	61个
卷入战争的人数	15亿以上	20亿以上
伤亡	3000余万人	9000余万人
死亡	1000余万人	5100余万
经济损失	270多亿美元	5万多亿美元
作战区域面积	—	2200万平方千米

教学过程	教学具体内容	师生活动
自主探究	探究活动2	材料一：2014年—2019年，世界局部战争与冲突不断发生。其中，影响较大的有乌克兰、叙利亚、利比亚等国的国内战争与冲突。 材料二：2019年世界各地爆发多桩恐怖袭击事件。 （1）2019年1月，肯尼亚首都内罗毕遭遇恐怖袭击，5名恐怖分子手持AK步枪和爆炸物冲进了杜塞特酒店，其中一名在酒店门口发动了自杀式爆炸袭击，现场十分混乱，恐怖分子见人就杀。 （2）2019年3月，新西兰南岛最大城市克赖斯特彻奇市发生两起恶性枪击事件，造成49人死亡、48人受伤。 探究与分享： 材料说明了什么问题？ 思维点拨： （1）当今世界仍不安宁。 （2）霸权主义、强权政治和新干涉主义有所上升，有的大国常常打着"自由""民主""人权"的幌子，侵犯别国主权，干涉别国内政。 （3）局部战争与冲突从未间断，民族问题、宗教冲突、领土争端、恐怖主义、网络安全等威胁和平的种种因素依然存在。 （4）霸权主义和强权政治是解决世界和平与发展的主要障碍。 （5）维护世界持久和平的任务依然十分艰巨。 材料三：展示4组图片。 	学生通过课前查阅的相关资料，把握当今的世界并不太平，霸权主义、恐怖主义、民族问题、领土纷争等问题依然存在，和平并没有完全实现。 学生通过观看图片，阅读教材资料，分析当今世界在经济发展中存在的问题，并通过平板电脑自由讨论制约这些国家发展的因素有哪些。

教学过程		教学具体内容	师生活动
自主探究	探究活动2	材料四：据联合国世界粮食计划署统计，叙利亚7年战争让大约650万人食不果腹。尼日利亚博尔诺州（Borno）、约贝州（Yobe）和阿达马瓦州（Adamawa）总计520万人面临饥饿威胁。 探究与分享： （1）材料说明了什么问题？ （2）结合材料谈谈制约贫困国家发展的因素有哪些？ 思维点拨： （1）贫困问题是当今世界面临的严峻的挑战之一。 （2）世界经济发展不平衡的现象日趋严重，发达国家与发展中国家差距扩大。 （3）频发的战争、恶劣的自然环境、落后的教育等诸多因素导致贫困的国家越来越贫穷。 （4）最不发达国家深受贫困及其衍生出来的饥饿、疾病、社会冲突、社会动荡等一系列问题的困扰。这些问题成为制约其发展的重要因素。	
	探究活动3	材料一：贫困是"无声的危机"。2015年7月，联合国发布的2015年《千年发展目标报告》显示，生活在极端贫困中的人数从1990年的19亿降至2015年的8.36亿。尽管全球总体上实现了千年发展目标的减贫目标，但从区域来看，减贫进展并不平衡。 材料二：我国精准扶贫实施5年来取得了历史性成就。（视频资料） 合作探究：和平与发展是当今时代的主题，但是和平与发展并没有完全得到实现。请学生谈谈怎样推动世界和平，促进世界发展。 思维点拨： （1）驱散战争的阴影、维护世界和平需要每个人的努力。主动承担维护世界和平的责任，为维护世界和平做出贡献。 （2）在不同的发展阶段设立了递进式的减贫目标，各国应结合自身实际情况，不断探索消除贫困的有效途径。	学生在分析当今国际形势的基础上，通过我国精准扶贫取得的成就，让学生讨论、交流、分享怎样推动世界和平，促进共同发展。 学生在教师的引导下，理解国际经济政治新秩序的意义，把握和理解中国主张和中国作为。中国提出的构建人类命运共同体，反映了爱好和平、向往发展的国家和人民的共同要求，赢得了许多国家特别是广大发展中国家的赞赏和支持。

续 表

教学过程		教学具体内容	师生活动
自主探究	探究活动3	（3）联合国世界粮食计划署每年向2000万学龄儿童提供餐食、食品换资项目、食品换培训项目等。 （4）让贫困人口和贫困地区同全国一道进入全面小康社会，是中国确定的庄严目标。中国在消除贫困方面为世界消除贫困贡献了中国经验、中国智慧和中国方案。 （5）为了和平与发展，必须坚决反对霸权主义和强权政治，改变旧的国际秩序，建立以和平共处五项原则为基础的有利于世界和平与发展的国际新秩序。 国际经济政治新秩序： （1）保障各国享有主权平等和内政不受干涉的权利。 （2）保障各国享有平等参与国际事务的权利。 （3）保障各国特别是广大发展中国家享有平等的发展权利。 （4）保障各个民族和各种文明共同发展的权利。	
评价反馈		三维训练： 1. 改革开放40年来，中国扶贫开发工作不断推进，使7亿多人摆脱了贫困，在世界上得到广泛赞誉。世界银行认为，中国减贫工作的卓越成就推动了全球贫困人口下降。对此认识正确的是（C）。 ① 中国的脱贫政策为全球贫困治理贡献了中国方案 ② 各国应结合自身的实际情况，不断探索有效途径 ③ 其他国家可以完全照搬中国的经验 ④ 世界各国都应积极行动起来，为整个世界发展做出努力 A. ①②③④　B. ②③④　C.①②④　D.①③④ 2. 中国提出"一带一路""构建人类命运共同体""共商、共享、共建"等倡议和思想，先后被写入联合国决议。这体现了（C）。 A. 求和平、谋发展、促合作已成为世界各国的共识 B. 中国引领经济全球化潮流，主导国际政治新秩序 C. 中国同世界各国同呼吸、共命运的世界情怀和大国担当 D. 促进世界各国经济均衡发展是我国外交的首要目标	学生通过平板电脑自主完成三维训练的题目，作业平台自动将学生的作答情况进行数据分析，及时反馈学生的学习情况。

教学过程	教学具体内容	师生活动
评价 反馈	3. 材料一：2018年5月8日，美国总统特朗普宣布美国退出2015年签订的旨在限制伊朗核项目的国际协议。 材料二：近7年来，叙利亚内战（政府军与IS组织）造成23万叙利亚人丧生、400多万难民离开家乡，绵延不绝的战火正在蚕食这个破败不堪的国家。 （1）材料反映了哪些威胁和破坏世界和平的因素？ （2）叙利亚人民生活在战争的阴影里。战争给叙利亚人民造成了哪些危害？ 4. 联合国发布的《2018年可持续发展目标报告》指出，2015年，仍有23亿人缺乏基本卫生服务，8.92亿人继续露天排便。2016年，疟疾病例为2.16亿例，而2013年为2.1亿例，2016年有近40亿人得不到社会保障。减少以至消除贫困，不仅是一个经济问题，而且是一个政治问题。 （1）贫困问题对世界的和平与发展有何重大影响？ （2）人类社会为消除贫困、促进发展做出了怎样的努力？	

（刘桂芳）

感受文化的影响

【教学目标】

1. 知识目标

识记、理解和评述文化生活对人们交往方式、思维方式和生产方式的影响及特点，通过列举具体事例引导学生感受文化的影响。

2. 能力目标

培养学生学会透过具体的文化现象概括出文化对人的影响的内容及特点，培养学生分析问题的能力；从丰富的文化生活材料入手，培养学生的分析、概括、比较能力。

3. 情感、态度与价值观目标

使学生正确对待各种文化现象，辨识落后文化，抵制腐朽文化，积极参加健康有益的文化活动，投身社会主义精神文明建设，不断追求更高的思想道德目标。

4. 核心素养目标

感悟文化的影响，培养学生的科学精神，提高学生辩证思维的能力，使学生形成正确的价值取向和道德定力。

【教学重难点】

（1）教学重点：文化对人的影响的来源、文化对人的影响的表现。

（2）教学难点：文化对人的影响的特点——潜移默化、深远持久。

【教学设想】

本节课的教学以高中新课程的基本理念为依据，引导学生在问题情境中思

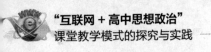

考问题，在活动设计中体验生活。调动学生学习的积极性，使学生明确文化对人的影响来源于特定的文化环境和文化活动。

【教学方法】

在互联网环境下，利用平板电脑等设备，采用案例分析法、小组讨论法开展教学。

【教学过程】

教学过程		教学内容	学生活动
学习任务		（1）网上发布微课"不同国家的礼节"。 （2）网上布置学习清单：观看视频后，举例说明： ① 文化对人的影响的表现有哪些。 ② 文化对人的影响有什么特点。	课前教师在网上发布学习任务清单，学生上网观看微课，然后教师布置学习任务，学生完成后在网上提交。
新课导入		播放微信朋友圈热播的泰国公益广告《每天努力一点点》，引导学生感受公益广告带给自己的感受。	引导学生思考问题：如何正确认识和理解文化对人的影响。
自主探究	探究活动1	任务要求： （1）让学生自主思考学校文化建设的内容有哪些，如黑板报、图书馆、班级文化墙…… （2）让学生思考学校举办的活动有哪些，如古韵今声朗诵会、戏剧表演节…… 让学生自己总结这些文化环境和文化活动对自己成长的好处。	（1）利用平板电脑共享收集的电子资料，讨论文化对人的影响。 （2）学生围绕文化对个人的影响进行讨论，头脑风暴。
	探究活动2	材料展示：在我国，东北人勇敢豪爽，广东人精明强干，江浙人温婉细致，山东人既传统又豪爽，而山西人则憨厚朴实。 合作探究： （1）为什么不同地域的人有不同性格？ （2）不同地方的人是如何形成不同性格的？请举例说明。 （3）续编故事：不同地域的不同性格的人生活中聚集在一起会发生什么故事。	利用平板电脑发布讨论规则，学生即时上传展示资料与探究答案。 （1）学生通过互联网收集相关信息并展示。 （2）学生合作讨论，在讨论中生成知识，学会辩证地思考问题。 （3）学生整理知识点。

续 表

教学过程		教学内容	学生活动
自主探究	探究活动3	合作探究：朗读贺知章《回乡偶书二首》 （一） 少小离家老大回，乡音无改鬓毛衰。 儿童相见不相识，笑问客从何处来。 （二） 离别家乡岁月多，近来人事半消磨。 惟有门前镜湖水，春风不改旧时波。 问题思考："乡音无改"说明了什么？请学生列举事例说明"文化对人的影响是深远而持久的"。这种深远而持久的特点具体表现在哪里呢？ 课堂探究： （1）你能补充一两个定居海外的华裔在生活方式和习俗方面仍然表现出受我们民族文化影响的事例吗？ （2）能否谈谈你阅读这段话时的感悟，并用自己的理解说明文化对人的影响力。	（1）启发学生收集材料，了解历史上或现实中海内外华侨的故事，展示其生活方式是如何受不同民族影响的。 （2）学生在互联网上收集资料并通过平板进行展示。 （3）学生谈自己的感悟。
自我升华		**（一）自主构建本框知识** 文化对人的影响 { 来源 { 特定文化环境 / 各种文化活动 } 表现 { 1.交往行为和交往方式 / 2.实践活动、认识活动和思维方式 } 特点 { 潜移默化 / 深远持久 } } **（二）朗读** 朗读奥斯特洛夫斯基的《钢铁是怎样炼成的》一书中的名言："人最宝贵的东西是生命，生命对人来说只有一次。因此，人的一生应当这样度过：当一个人回首往事时，不因虚度年华而悔恨，也不因碌碌无为而羞愧；这样，在他临死的时候，能够说，我把整个生命和全部精力都献给了人类最宝贵的事业——为人类的解放而奋斗。"我们必须抓紧时间，因为即使是一场暴病或意外都可能终止生命。	学生自己构建知识体系，并与教师和其他同学的比较后进行修改完善。学生在平板上分享各自的知识建构，教师点拨，分享。

教学过程	教学内容	学生活动
评价 反馈	（一）教学评价 （1）好的公益广告应该是沁人心脾的，在无形中给人一种震撼，具有极强的可操作性和可模拟性。我们重视公益广告，是因为文化对人的影响具有（D）。 A.深远持久的特点　　　B.相对稳定性的特点 C.鲜明的民族性　　　　D.潜移默化的特点 （2）受农村文化礼堂建设的启示，某县政府和企业把"文化车间"建设提上议事日程并积极推动企业文化建设。政府和企业这样做的理由有（B）。 ①"文化车间"建设能够丰富职工的精神世界 ②"文化车间"建设会直接影响企业经济效益 ③人们的精神产品源自物质载体 ④文化对人的影响离不开特定的文化环境 A.①②　　B.①④　　C.②③　　D.③④ （3）学校教育应该是：给你一部历史让你翻阅，给你一种文化让你感受，给你一些时间让你安排，给你一个舞台让你表演，给你一些机会让你创造，给你一个期待让你自我成长。这说明（B）。 A.终身学习是一种生活习惯和生活方式 B.接受健康向上的文化熏陶需要自觉与主动 C.文化影响人们的交往行为和交往方式 D.文化对个人的成长具有一定的决定作用 （4）"孔融让梨"的故事在中国家喻户晓。美国一所孔子学院的老师给美国小孩讲"孔融让梨"，孩子们不接受这个观点，并反驳说小孩不应该吃小的，他也不应该垄断大的，应该把大的用刀切开，跟他哥哥一直平分，这才叫公平。这表明（C）。 A.不同民族文化间的差异是不可逾越的 B.不同民族间的文化缺乏共性和普遍规律 C.文化影响人们的认识活动和思维方式 D.文化影响人们的交往行为和交往方式 （5）文化对人的影响具有潜移默化的特点。下列诗句的寓意符合这一特点的是（B）。 A.忽如一夜春风来，千树万树梨花开 B.入兰芷之室，久而不闻其香；入鲍鱼之肆，久而不闻其臭	1.学生在平板电脑上传自己的答案。 参考答案： （1）D （2）B （3）B （4）C （5）B 2.教师根据学生上传的答案，即时了解学生答案的准确率，讲评绝大多数的错题。还可发送类似的题继续训练，直至这个知识点过关为止。 学生通过平板电脑上传答案，教师根据正确率选择学生的答案进行点评、纠错。

续 表

教学过程	教学内容	学生活动
评价 反馈	C. 古人今人若流水，共看明月皆如此 D. 上善若水，厚德载物 （6）材料：培育社会主义核心价值观，必须重视良好家风建设。家风是指一家或一族世代相传的道德准则和处世方法。家风代代相沿，是最基本、最直接、最经常的教育，它是一种无字的典籍、无声的力量，陶染后辈，深刻影响家族成员的个性。家风连着民风，影响社会风尚。中华民族历来重视家风的培育和传承。颜之推的《颜氏家训》、朱柏庐的《治家格言》、曾国藩的《曾国藩家书》、傅雷的家书家信，都堪称一定时代家风家教的典范。结合材料，从文化对人的影响的角度，谈谈良好家风家教的作用。 **（二）教学反馈** 本堂课的内容与学生生活息息相关，通过地域故事、华侨故事等的讲述能激发学生的兴趣，学生能较好地感悟文化对人的影响，学习效率较高。若能引导学生更深入地思考文化对人一生的影响效果会更好。	

（黄翠婷）

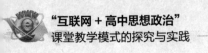
传统文化的继承（一）

【教学目标】

1. 知识目标

让学生懂得什么是传统文化，理解传统文化的特点，明确传统文化的作用。

2. 能力目标

能够分析中华民族传统文化在现实生活中的作用，提升辩证分析传统文化的精华与糟粕的能力。

3. 情感、态度与价值观目标

树立对待传统文化的正确态度和价值观，热爱优秀传统文化、热爱家乡、热爱祖国。

4. 核心素养目标

在分析问题、解决问题的过程中，在现场辩论中培养学生的科学精神；在实地调查中提升学生的公共参与素养；在整个追寻斗门传统文化足迹的过程中，加深学生对家乡优秀传统文化的认识，增强学生的政治认同感。

【教学重难点】

（1）教学重点：传统文化的表现形式和双重作用。

（2）教学难点：对待传统文化的正确态度。

【教学设想】

（1）整堂课围绕斗门传统文化，创新设置了"回味传统文化""展示传统文化""解读传统文化""扬弃传统文化""运用传统文化"五个环节，环环相扣，逐步推进。

（2）在教学过程中创设特定教学情境，通过"互联网+课堂教学"，将视频、图片等资料有机整合，激发学生的兴趣，突出学生的主体地位，使知识在合作交流中生成，提高学生发现问题、分析问题和解决问题的能力。

（3）引入贴近学生生活的乡土资源，通过斗门传统文化的实例，使生活主题和课程内容实现了有机结合；加深了学生对家乡优秀传统文化的认识，增强了他们爱祖国、爱家乡的思想感情。

【教学方法】

在互联网环境下，利用平板电脑等终端设备，采用视频导入法、活动探究法、合作讨论法、情感升华法等开展教育。

【教学过程】

教学过程		教学内容	师生活动
学习任务		（1）学生预习课本并构建本课知识思维导图，上传至"智慧课堂"系统的作业平台。 （2）完成自主学习检测题目并上传答案，作业平台自动将学生的作答情况进行数据分析，及时反馈学生的学习情况。 （3）学生以学习小组为单位，通过互联网、实地调查等方式，从传统习俗、传统建筑、传统文艺、传统思想四个方面合作调查收集资料，追寻斗门传统文化的足迹，培养合作意识和沟通组织能力。 （4）学生通过互联网等方式了解斗门水上婚嫁习俗。 （5）学生分成正方和反方，准备辩论的事例和观点，并各选出4位学生进行现场辩论。	课前，教师在网上发布学习任务清单，学生完成后在网上提交。 学生在课前上网完成自主学习检测题目等，通过互联网、实地调查等调查收集相关资料，阅读教材完成学习任务。
新课导入		播放视频"斗门赵氏家族祭礼"。	学生观看视频，体验历史悠久、丰富多彩的斗门传统文化，激发学习兴趣。
自主探究	探究活动1	展示传统文化： 探究活动：斗门历史文化悠久，课前由4个组的学生分别搜寻斗门传统习俗、传统建筑、传统文艺、传统思想的相关情况，来见证斗门传统文化的足迹。 课堂上，各组按顺序派代表通过课件、图片等形式展示合作成果。	学生以学习小组为单位，通过平板电脑介绍斗门传统习俗、传统建筑、传统文艺、传统思想在现代社会生活各方面的延续。

续 表

教学过程		教学内容	师生活动
自主探究	探究活动1	教师结合学生的介绍，引导学生对比列表并归纳知识： （1）传统文化的表现形式：传统习俗、传统建筑、传统文艺、传统思想。 （2）传统文化的含义。	其他学生通过微信群交流功能发表观点、进行交流，激发探究兴趣，促进对家乡传统文化的认同感和自豪感。
	探究活动2	解读传统文化： 探究活动：2008年6月，斗门水上婚嫁习俗被列入第二批国家级非物质文化遗产保护名录。这项习俗的婚嫁程序繁复多样，共有"夹年生""拿茶叶""择日""使日""起厨""坐高堂""上头""嫁仪（叹家姐、梳头、祭龙王、松头等）""花船迎亲""渡水饭""拜堂""闹洞房""回门"13项。其中"花船迎亲""祭龙王"等程序与水环境不可分离，整个婚嫁的过程都贯穿沙田民歌（咸水歌）的演唱，独具水乡风情。 合作探讨： （1）古今斗门水上婚嫁有何异同？ （2）我们的婚嫁习俗与西方国家有何差异？从中可看出传统文化在今天具有什么特点？ （3）经过几百年的沧桑变化，斗门水上婚嫁习俗依然延续至今，说明传统文化还具有什么特点？ （4）斗门水上婚嫁习俗随着社会不断变动，不断满足人们的要求，又说明了什么？ 学生通过合作探究回答，教师结合学生的回答，引导学生归纳分析知识。	学生通过微信群交流功能发表观点、相互交流，归纳分析： （1）从古今斗门水上婚嫁的异同，比如保留"夹年生""拿茶叶""择日"等程序的同时，越来越多的人把一些烦琐的仪式省掉；现在还要到民政局登记结婚，有结婚证等，引导学生归纳出传统文化的第一个特点：具有相对稳定性。传统文化在世代相传的过程中保留着基本特征，同时，它的具体内涵又能够因时而变。 （2）从我们的婚嫁习俗与西方国家的差异，比如西方国家一般是到教堂举办婚礼仪式，还有牧师主持婚礼。而我们的婚嫁礼仪很明显带有中国的特征等，引导学生归纳出传统文化的第二个特点：具有鲜明的民族性，是维系民族生存和发展的精神纽带。 （3）从经过几百年的沧桑变化，斗门水上婚嫁习俗依然延续至今，引导学生归纳出传统文化的第三个特点：具有历史继承性。

续 表

教学过程		教学内容	师生活动
自主探究	探究活动2		（4）传统文化如果一成不变，会起消极作用，必须要顺应社会生活的变迁，才能起积极作用。
	探究活动3	扬弃传统文化： 辩一辩：将学生分成正方和反方进行辩论。先分小组讨论，准备辩论的事例和观点。选出4位学生进行现场辩论，在时间允许的情况下，其他学生可以进行场外提示。 正方观点：斗门传统文化是财富 它架起了我们前进的阶梯，维持着我们的社会秩序，增强了我们的民族认同感，为我们的精神提供了栖息之所。如果没有传统文化，我们的生活将失去精神家园。 反方观点：斗门传统文化是包袱 它是一种惰性的力量、保守的因素。它钳制着我们的交往方式和思维方式，控制着我们的情感体验和审美情趣，制约着我们的价值取向。 正反双方进行辩论，教师结合学生的辩论情况，引导学生归纳知识。	学生分正反双方进行辩论，在自由辩论阶段，学生可以通过"智慧课堂"的抢答功能获得发言机会，发言限时1分钟，超时打断。 以辩论为载体，有效化解教学难点。理解对待传统文化的正确的态度是取其精华，去其糟粕，批判继承，古为今用。
自我升华		谈一谈：在搜集这些资料的过程当中，在追寻斗门悠久文化的足迹过程中，同学们有何感悟？以后如何结合实际，自觉弘扬优秀传统文化？ 教师结合学生的回答进行小结：今天我们一起追寻斗门传统文化的足迹，感受传统文化在今天的继承。传统文化的魅力在于其跨过悠悠历史长河依旧指引我们的生活实践，我们有义务传承优秀的传统文化，我们也需要借助先进的传统文化力量促进个人和社会的发展。	学生在"畅言课堂"的微信群自由探讨、交流，加深对家乡优秀传统文化的认识，增强爱祖国、爱家乡的思想感情。
评价反馈		**（一）教学评价** 运用传统文化： 方案设计：就如何利用家乡的传统文化为家乡服务设计一份方案。以小组为单位设计，并利用课外时间结合社会实践活动课开展 附学生的活动形式：	

续　表

教学过程	教学内容	师生活动
评价反馈	（1）编写《斗门民间故事》《斗门风俗习惯》《斗门传统美食》《斗门名人故事》等小册子，提供给有关文化部门与旅游部门。 （2）为社区群众策划一次斗门民间文化艺术表演或传统文艺活动。 （3）开展题为"追寻斗门传统文化的足迹"的讨论交流会，并制作展板进行展示。 **（二）教学反馈** **1. 突出新课程理念，培养合作探究能力** 在整节课中，学生自始至终处在探究活动的中心地位，而教师的主要任务是引导探究过程，体现了"教师主导，学生主体"的新课程理念。整堂课围绕斗门传统文化，创新设置了"回味传统文化""展示传统文化""解读传统文化""扬弃传统文化""运用传统文化"五个环节，环环相扣，逐步推进。教师针对所要学习的内容设计"情境问题"探究活动，通过合作探究提高学生发现问题、分析问题和解决问题的能力。 **2. 运用特色乡土资源，注重生活化设计** 本节课引入了贴近学生生活的乡土资源，通过斗门传统文化的实例，使生活主题和课程内容实现了有机结合。通过"追寻斗门传统文化的足迹"的探究活动，加深了学生对家乡优秀传统文化的认识，增强了他们爱祖国、爱家乡的思想感情。在利用家乡优秀传统文化为家乡服务的方案设计中，强化了学生自觉传承家乡优秀传统文化的使命感和责任感。	学生以小组为单位设计，并利用课外时间结合社会实践活动课开展。通过平板电脑作业平台、拍照上传等功能展示活动成果。在活动过程中，通过"智慧课堂"交流平台进行沟通，提高效率。

（赵洪进、赵慧清）

传统文化的继承（二）

【教学目标】

1. 知识目标

（1）了解什么是传统文化，传统文化继承性的表现有哪些；知道传统文化的特点，了解传统文化具有双重作用；知道对待传统文化的正确态度是取其精华，去其糟粕。

（2）培养分辨传统文化中精华与糟粕的能力，通过对"传统文化对社会与人的发展的作用"，以及"继承传统文化、发挥传统文化积极作用的正确态度"的分析，尝试用全面的观点看问题。

2. 能力目标

（1）通过课前自主学习环节中的"知识建构"培养学习归纳知识、整合知识的能力。

（2）通过分组收集相关传统文化的资料并做成课件或小视频的活动培养学生的合作能力。

（3）通过情境创设、设问法、讲授法培养学生辩证分析问题的能力。

3. 情感、态度与价值观目标

通过赏析生活中的传统文化，分析当代中国传统文化对社会的进步和人的发展的积极作用，领悟中国传统文化的价值，激发热爱传统文化、学习传统文化、继承传统文化的热情，树立正确看待传统文化价值的态度。

4. 核心素养目标

通过学习让学生辩证分析传统文化，树立文化自信和文化自觉，继承和弘扬我国优秀的传统文化。

【教学重难点】

（1）教学重点：正确对待传统文化的态度。

（2）教学难点：传统文化对今天的影响。

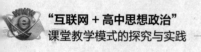
【教学设想】

本节课所讲"传统文化"的有关知识，学生平时均有了解，网络资源特别丰富，因此采用"互联网+"的教学模式。

1. 课前准备

（1）学生预习课本并建构知识网络，上传作业。

（2）学生分成四个学习小组，上网收集传统习俗、传统建筑、传统文艺、传统思想等相关的资料。

2. 课堂教学

通过"新课导入—自主学习—自主探究—自我升华"四个环节将学生课前收集到的资料用情景剧串起来，对学生收集的资料进行去粗取精、去伪存真，由表及里，由此及彼，将零散的资源整合成一个系统的知识，加深学生对本课内容的把握。

3. 课后巩固

通过练习加强学生的三维训练，继续学习下节课的内容并构建知识网络，培养学生整合资源的能力。

【教学方法】

自主建构、自主创作、收集整理、合作探究、交流分享。

【教学手段】

"互联网+课堂"教学。

【教学过程】

教学过程	教学具体内容	师生活动
新课导入	播放视频： "中国诗词大会：飞花令——酒"，让学生感受传统文化的魅力。 问题：请同学们寻找珠海的传统文化。	学生寻找珠海传统文化，如三灶的鹤舞、斗门的飘色、斗门水上婚嫁、装泥鱼……

续 表

教学过程	教学具体内容	师生活动
自主学习	**（一）点评知识建构** 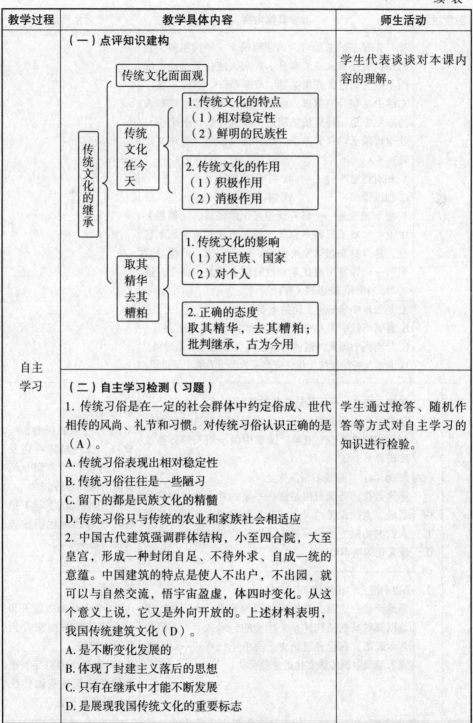	学生代表谈谈对本课内容的理解。
	（二）自主学习检测（习题） 1. 传统习俗是在一定的社会群体中约定俗成、世代相传的风尚、礼节和习惯。对传统习俗认识正确的是（A）。 A. 传统习俗表现出相对稳定性 B. 传统习俗往往是一些陋习 C. 留下的都是民族文化的精髓 D. 传统习俗只与传统的农业和家族社会相适应 2. 中国古代建筑强调群体结构，小至四合院，大至皇宫，形成一种封闭自足、不待外求、自成一统的意蕴。中国建筑的特点是使人不出户，不出园，就可以与自然交流，悟宇宙盈虚，体四时变化。从这个意义上说，它又是外向开放的。上述材料表明，我国传统建筑文化（D）。 A. 是不断变化发展的 B. 体现了封建主义落后的思想 C. 只有在继承中才能不断发展 D. 是展现我国传统文化的重要标志	学生通过抢答、随机作答等方式对自主学习的知识进行检验。

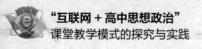

"互联网＋高中思想政治"
课堂教学模式的探究与实践

续 表

教学过程	教学具体内容	师生活动
自主学习	3. 广东早茶的来源可以追溯到咸丰、同治年间。直到现在每逢周末或节假日，广东人或扶老携幼，或约上三五知己，齐聚茶楼"叹早茶"。"叹"在广东话中是享受的意思，由此可见，喝早茶在广东人的心目中是一种愉快的消遣，从这个层面上来说与其他娱乐活动并无差别。这种现象说明，传统文化具有（A）。 A. 相对稳定性　　　　B. 鲜明民族性 C. 创造性　　　　　　D. 鲜活时代性 4. 中华民族是一个具有忧患意识的民族。《周易》中说："君子安而不忘危，存而不忘亡，治而不忘乱，是以身安而国家可保也。"近年来，"忧患意识"一词频繁出现在党和政府的文件及讲话中。这表明，中国传统思想（B）。 A. 是展现中华传统文化的重要标志 B. 影响当代中国人的价值观念和中国的发展道路 C. 是当代中国人的精神财富，应当毫无保留地继承 D. 是最优秀的传统文化，应当成为全世界的主流思想	
自主探究　探究活动1	**了解传统文化——传统文化的继承** 各学习小组课前将本组成员收集的资料进行整理，制作成PPT课件或视频，课堂中由小组长进行播放解说。 第1小组："传统习俗"大全 思维点拨：传统习俗是指在一定的社会群体中约定俗成、世代相传的风尚、礼节和习惯。传统习俗对人们的物质生活和精神生活产生持久的影响，是传统文化的基本形式。	第1小组： （1）学生从我国的传统节日、传统婚嫁习俗及旧时的丧葬等方面介绍我国的传统习俗。 （2）在教师的引导下把握传统习俗是我国传统文化的基本形式。
	第2小组："传统建筑"欣赏 思维点拨：建筑，被称为凝固的艺术。中国古代建筑以其独特的结构体系、优美的艺术造型、丰富的艺术装饰，在世界建筑史上写下了光辉的一页，并成为展现中国传统文化的重要标志。	第2小组： （1）学生从南方建筑和北方建筑两方面来介绍我国的建筑。 （2）在教师的引导下把握传统建筑是我国传统文化的重要标志。

166

续 表

教学过程		教学具体内容	师生活动
自主探究	探究活动1	第3小组："传统文艺"鉴赏 思维点拨：中华文化源远流长、博大精深。中国传统文艺具有悠久的历史，蕴藏着丰富的文化内涵，是中华民族灿烂文化的重要组成部分。	第3小组： （1）学生从我国的古代文学、传统戏曲、传统绘画等方面介绍我国的传统文艺。 （2）在教师的引导下把握传统文艺是中华民族灿烂文化的重要组成部分。
		第4小组："传统思想"影响 思维点拨：中国传统思想经过数千年的发展，已经成为中华文化中一个非常重要的组成部分，对今天中国人的价值观念、生活方式和中国的社会发展具有深刻影响。	第4小组： （1）学生从我国的古代理论观点、学术思想和道德观念等方面介绍我国的传统思想。 （2）在教师的引导下把握传统思想是中华文化一个非常重要的组成部分。
	探究活动2	认识传统文化——传统文化在今天 （1）请同学们归纳刚才自己小组展示的传统文化有哪些保留了下来，有哪些"变"与"不变"。 思维点拨：传统文化的"不变"说明了传统文化具有稳定性，"变"说明了传统文化的具体内涵会因时而变，因此，传统文化具有相对稳定性。	（1）学生通过交流讨论我国传统文化有哪些保留下来，又有哪些变化。 （2）在教师的引导下明确传统文化的"变"与"不变"体现了传统文化的特点之一——相对稳定性。
		（2）判断4幅图片（A.针灸　B.静脉注射　C.故宫　D.泰姬陵）哪些是传统文化？ 思维点拨：传统文化产生于过去，打上了历史的烙印，同时带有自己民族的色彩。因此泰姬陵也是传统文化，是印度的传统建筑的代表。	（1）学生通过云教室互动进行投票选择。 （2）在教师的引导下把握传统文化的特点之二——鲜明的民族性。
		（3）传统文化是财富还是包袱？ 思维点拨：在社会发展过程中，随着生产力的发展和经济、政治的变化，传统文化如果能顺应社会生活的变迁，不断满足人们日益增长的精神需求，就能对社会与人的发展起积极作用。反之，如果一成不变，传统文化也会起阻碍社会进步、妨害人的发展。	（1）学生通过云教室互动进行辩论。 （2）在教师的引导下把握传统文化双重性及双重作用，培养学生的辩证思维能力。

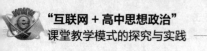

续 表

教学过程		教学具体内容	师生活动
自主探究	探究活动3	**对待传统文化——取其精华，去其糟粕** 材料：如今很多地方掀起了"读经"热，但是不同的人对"读经"有不同的看法，有人说"读经"可以促进文化复兴、中华崛起，也可以修身养性；也有人说考试又不考四书五经，"读经"会浪费学习的时间，影响学生的成绩。 议一议：你是怎样看待"读经"的？ 思维点拨：正确对待传统文化的态度是取其精华，去其糟粕；批判继承，古为今用。对于传统文化中符合社会发展要求的、积极向上的内容，应该继续保持和发扬；对于传统文化中不符合社会发展要求的、落后的、腐朽的东西，必须移风易俗，自觉地加以改造或剔除。	（1）学生通过云教室的畅言课堂功能进行讨论、交流、分享，同时对自己喜欢的观点进行点赞、评论。 （2）在教师的引导下把握对待传统文化的态度。
自我升华		观看视频：中华文明之美——年度汉字"规"。 请思考：根据视频的内容，请同学谈谈如何对待"规"？	学生在观看视频后，讨论、交流，分享观后感，树立规矩意识，自觉做守规矩的人。
评价反馈		三维训练： 1."不要问我从哪里来，我的故乡已被拆"，这是老百姓对盲目进行旧城改造而拆除传统特色建筑行为的感慨。时下，许多富有特色的传统村落不断消失，不禁使人对乡村古建筑的衰落感到惋惜。之所以令人惋惜，是因为（A）。 ①传统建筑是展现中国传统文化的重要标志 ②乡村的衰落不利于优秀传统文化的继承和发展 ③要重视现代文化的作用，避免文化发展上的守旧主义 ④未能清楚认识乡村文化的落后性和外来文化的先进性 A.①②　　B.②③　　C.③④　　D.①④ 2. 相传蒙古人打败西夏党项族后，并没有杀掉其全部族人，而是毁灭了他们的文化，最后党项族终于消亡了。这反映了（C）。 A.一成不变的传统文化会阻碍社会进步 B.优秀的民族决定了优秀的文化	学生通过平板电脑自主完成三维训练的题目，作业平台自动将学生的作答情况进行数据分析，及时反馈学生的学习情况。

续 表

教学过程	教学具体内容	师生活动
评价 反馈	C. 传统文化是维系民族生存和发展的精神纽带 D. 文化决定了一个民族的命运 3. 中国共产党善于从传统文化中挖掘和凝练治党治国理论精髓。中国传统文化中"为政贵在行"的思想对改进工作作风有巨大意义。习总书记强调"空谈误国，实干兴邦"，带动全党上下"少说空话，多干实事"蔚然成风。这表明（B）。 ① 传统思想会对社会发展产生深刻的影响 ② 传统文化具有相对稳定性 ③ 传统习俗对人们的生活产生了持久的影响 ④ 传统文化符合时代要求 A. ③④　　B. ①②　　C. ①③　　D. ②④ 4. 预习《文化在继承中发展》并建构知识体系。	预习下一课题内容并提交知识建构。

（刘桂芳）

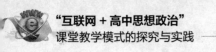

加强思想道德建设

【教学目标】

1. 知识目标

（1）知道思想道德建设在文化建设中的地位。

（2）明确社会主义核心价值观三个层面的具体内容。

（3）理解社会主义核心价值体系与社会主义核心价值观之间的关系，明确中国特色社会主义文化建设的中心环节、基本任务和根本要求。

2. 能力目标

（1）培养学生主动收集、准确解读和有效整合社会信息的方法和能力。

（2）培养学生有针对性地调动有关学科知识，做出正确判断和推理，并用辩证的观点和方法分析社会现象，认识事物本质的能力。

（3）培养学生用顺畅的语言、清晰的层次、正确的逻辑关系表达出探究过程和结果的能力。

3. 情感、态度与价值观目标

培养学生爱国、向模范学习的情感，培养学生在日常生活中树立社会主义核心价值观的意识。

4. 核心素养目标

落实社会主义的理论自信、价值观自信的核心素养目标。

【教学重难点】

（1）教学重点：社会主义核心价值观，怎么样加强思想道德建设。

（2）教学难点：社会主义核心价值体系与社会主义核心价值观之间的关系。

【教学设想】

以"互联网+教育"为平台，以手机微信等现代传媒工具为手段，在课前发布学情调查和课外阅读；在课中利用互联网的共享特性和多媒体教学的优点，通过学生现场发布文字、图像和视频等电子信息形式的探究结果，以语言方式进行现场的材料分享与分析，实现最大限度的信息共享；在课后教师发布《（加强思想道德建设）练习巩固》，及时收集反馈情况，就错误率较高的题目进行微课指导，提高学生学习效率，增强学生学习兴趣，使课堂富有趣味性、启发性、艺术性和教育性。

【教学方法】

在互联网环境下，利用平板电脑等终端设备，采用直观展示法、社会调查法、合作探究法、思维导图法、学生互评法等开展教学。

【教学过程】

教学过程	教学内容	学生活动
学习任务	教师发布《家风家训传承调查问卷》进行学情调查，发布习近平的《把培育和供养社会主义核心价值观作为凝魂聚气强基固本的基础工程》刘云山的《着力培育和践行社会主义核心价值观》等相关课外阅读，引导学生关注本课问题。 概念辨析：请你查阅相关课外资料，明确思想道德的概念和特点。 课前调查： 你们家的家训：＿＿＿＿＿＿＿＿＿＿。 父母教育你印象最深的一件事：＿＿＿＿＿＿。 你从父母身上学会了什么品质?＿＿＿＿＿＿ ＿＿＿＿＿＿＿＿＿＿＿＿＿＿＿＿＿＿。	课前教师在网上发布学习任务清单，学生上网观看微课，然后教师布置学习任务，学生完成后在网上提交。
新课导入	引导学生把握根本任务中的中心环节——思想道德建设，引出今天的课题——加强思想道德建设。	学生回顾中国特色社会主义文化的根本任务。
自主学习检测	知识梳理：请同学们阅读教材P104~P107，找出并填写下列知识点的关键词。 （一）我心目中的思想道德模范 **1.思想道德建设的重要性是什么?** （1）思想道德建设是发展中国特色社会主义文化的＿＿＿＿＿＿。 （2）社会主义思想道德，集中体现了中国特色社会主义文化的＿＿＿和＿＿＿。	

教学过程	教学内容	学生活动
自主 学习 检测	（3）发展中国特色社会主义文化，必须紧紧抓住＿＿＿＿＿这个中心环节。 **2. 怎样理解道德模范的时代性？** （1）表现：人们心目中的思想道德模范，总是＿＿＿＿；人们对思想道德的评判，总会＿＿＿＿。党领导人民进行革命、建设和改革实践中涌现的思想道德模范，具有＿＿＿＿。 （2）要求：深化社会主义精神文明创建活动，要推动学雷锋活动、学习宣传思想道德模范常态化。 **3. 社会主义思想道德建设的基本要求是什么？** 社会主义思想道德建设要以＿＿＿＿＿为核心，以＿＿＿＿＿为原则。 社会主义思想道德区别于其他社会形态思想道德的显著标志是：＿＿＿＿。 **（二）大力建设社会主义核心价值体系** **1. 社会主义核心价值体系的基本内容是什么？** 坚持＿＿＿＿＿＿指导思想，树立＿＿＿＿＿＿＿，弘扬以＿＿＿＿＿为核心的民族精神和以＿＿＿＿＿＿为核心的时代精神，倡导＿＿＿＿＿＿。 **2. 为什么要大力建设社会主义核心价值体系？** （1）重要性 ① 社会主义核心价值体系是＿＿＿之魂，决定着中国特色社会主义＿＿＿。 ② 文化的力量，很大程度上取决于凝结其中的＿＿＿＿＿的力量。不同文化的竞争，很大程度上表现为各自代表的核心价值体系的竞争。 ③ 以＿＿＿＿＿为核心，用＿＿＿＿＿凝魂聚气、强基固本，是中国特色社会主义文化发展道路的根本标识。 （2）必要性 社会主义核心价值体系是社会主义意识形态的＿＿＿＿＿体现。建设社会主义文化强国，必须坚持用社会主义核心价值体系＿＿＿＿＿社会思潮、＿＿＿＿社会共识，不断增强社会主义意识形态的＿＿＿＿和＿＿＿＿。 **3. 如何大力建设社会主义核心价值体系？** （1）建设社会主义核心价值体系，必须坚持马克思主义指导思想，树立中国特色社会主义共同理想，弘扬以爱国主义为核心的民族精神和以改革创新为核心的时代精神，倡导社会主义荣辱观。（基本内容） （2）建设社会主义核心价值体系，要倡导＿＿＿、＿＿＿、＿＿＿、＿＿＿，倡导＿＿＿、＿＿＿、＿＿＿、＿＿＿，倡导＿＿＿、＿＿＿、＿＿＿、＿＿＿，积极培育和践行社会主义核心价值观。 **4. 阅读教材，回答问题** 教材P105~P106，用思维导图的方式梳理清楚中国特色社会主义文化、社会主义思想道德建设、社会主义核心价值观、社会主义核心价值体系四者的相关关系，并用树状、串状或画图等你喜欢的方式写在下列方框内。	

续 表

教学过程	教学内容	学生活动
自主学习检测	 （三）全面提高公民道德素质 **1. 地位** 全面提高公民道德素质是社会主义思想道德建设的_____。 **2. 要求** （1）坚持____和____相结合，加强_____、_____、_____、____教育，大力弘扬中华_____，弘扬_____。 （2）树立社会主义荣辱观。（社会主义荣辱观体现了社会主义道德建设的_____，是社会主义核心价值体系的_____。）	
自主探究 探究活动1	探究题目：我心目中的家庭道德模范 知识目标：懂得道德的时代性，知道道德总是随着时代的发展而被赋予新的内涵，能够列举出当代社会生活中的思想道德模范。 完成下列表格： 	不同时期	家庭道德模范人物	品质
XX时期（如古代）		
XX时期（如革命时期）		
XX时期（如现代）				（1）小组分享优秀家风教育的家庭案例，学习家庭道德模范的优秀品质。 （2）学生阅读材料，分组讨论交流，形成答案并回答。通过平板电脑拍照的方式上传同屏给全班同学分享。同屏分享后学生自由起身回答。

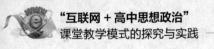

教学过程		教学内容	学生活动
自主探究	探究活动1	小组任务： （1）根据上述表格收集从古代到现代，你最感兴趣的优秀家风教育的家庭案例、名言警句、家风家训等，把相关图片、信息等电子资料保存在手机上，通过各种形式在课堂上进行展示。 （2）根据探究题目、知识目标，在上述表格内容的基础上进行设问，至少2个问题，引导同学思考并对同学的回答进行评价。 （3）对这一探究问题用一两句话进行归纳总结。	
	探究活动2	探究题目：社会主义核心价值观 知识目标：知道社会主义核心价值观的基本内容，理解培育和践行社会主义核心价值观的作用和意义。 小组任务： （1）分享你们家在家庭教育中做得好的方面，分享你们家的家训和家庭观念，指出父母教会了你什么样的品质，对你平时的行为有什么影响，举例说明影响最深的方面并通过家庭照、视频等信息资料进行展示。 （2）根据探究题目、知识目标，在上一任务的基础上进行设问，引导学生相互分享，深刻理解社会主义核心价值观，并对同学的回答进行评价。	在合作讨论与相互分享中体会父母的良苦用心。
	探究活动3	探究题目：社会主义核心价值体系 知识目标：知道社会主义核心价值体系的基本内容，理解建设社会主义核心价值体系的作用和重要意义。 小组任务： （1）寻找同学熟悉的有关家庭教育的电影或电影形象，将相关电影形象的图片、视频剪辑等电子信息保存在手机上，进行中国家庭教育观VS美国家庭教育观的特点对比。 （2）根据探究题目、知识目标和上述对比内容，引导学生深入思考这背后反映的中国核心价值体系与美国核心价值体系的对比（先预先准备基本特征的观点），并设置1~2个你感兴趣的问题，全班讨论，对同学的回答进行评价。 （3）评价这两种价值观孰优孰劣。	通过电影形象地对比、辩证、分析不同价值观的优劣。

续 表

教学过程		教学内容	学生活动
自主探究	探究活动4	案例分析： 材料一："家风"这个词语受到现代人的冷落，但并不意味着现代人就不需要家风了。如果每个家庭的家风都正，则社会风气自然会得到改善，也会相应地正起来。相反，如果小家庭的家风不正，则整个社会的风气就很难正得起来。唯有从社会最基本的细胞——家庭入手，才能夯实社会道德大厦的根基。结合材料，运用文化建设的中心环节的知识，简述如何用社会主义核心价值观引领家风建设。 材料二：有人说，美国最大的出口产品已经成为批量生产的流行文化——电影、电视节目、音乐、书籍和电脑软件等。面对美国文化的大举入侵，许多国家忧心忡忡。请结合材料，运用所学文化生活的知识，简要回答面对强势文化的扩张，我们要怎样捍卫自己的文化制高点。	学生阅读材料，分组讨论交流，分析如何发展社会主义核心价值观，回归现实，落地生活，形成答案并回答。通过平板电脑拍照的方式上传同屏给全班同学分享。同屏分享后学生自由起身回答。
自我升华		**（自主构建本框知识）** 思想道德建设 ─┤ 重要性 / 时代性 / 基本要求 社会主义核心价值体系 ─┤ 是什么 / 为什么 / 怎么样 全面提高公民道德素质 ─┤ 地位 / 要求 今天我们一起探究了"加强思想道德建设"的"是什么""为什么"和"怎么样"，希望每位同学都能以一颗纯粹的、善良的心，自觉遵守社会规则，形成自己独特的价值观，以高度的文化自觉和文化自信参与到中国特色社会主义文化建设中来，让中国因你而自豪，让世界因中国而精彩。	学生自己构建知识体系，并与教师和其他同学的比较后进行修改完善。学生在平板上分享各自的知识建构，教师点拨、分享。

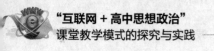
续 表

教学过程	教学内容	学生活动
评价 反馈	（一）教学评价 （1）古有孔孟圣人，今有雷锋、郭明义，人们心目中的思想道德模范，总是带有不同的时代印记，道德总是随着时代的发展而被赋予新的内涵。这说明（D）。 ① 中国的古代传统道德有着悠久的历史，我们要全面继承和发扬 ② 中国古代传统美德和党的优秀革命道德是我们进行思想道德建设的宝贵资源 ③ 历史的传统道德已不适合今天的国情，我们应该抛弃 ④ 对待传统道德，我们应批判地继承和发扬，并不断发展创新 A.①② 　　B.①③ 　　C.②③ 　　D.②④ （2）习近平总书记在北京大学考察时，要求广大青年要自觉践行社会主义核心价值观，与祖国和人民同行，努力创造精彩人生。青年之所以要自觉践行社会主义核心价值观，是因为（D）。 A.它是社会主义核心价值体系的高度凝练 B.它为国家提供了应该遵循的价值目标 C.它为社会提供了应该遵循的价值趋向 D.它为个人提供了应该遵循的价值准则 （3）武汉大学社会科学部部长沈壮海就加强社会主义核心价值体系建设在接受记者采访时说，人人都是社会主义核心价值体系建设的"筑堤人"。关于社会主义核心价值体系，下列说法正确的是（D）。 ① 它决定中国特色社会主义发展方向 ② 加强其建设必须坚持马克思主义指导思想 ③ 每个人都是社会主义核心价值体系的践行者 ④ 弘扬以爱国主义为核心的时代精神是其重要内容 A.③④ 　　B.①② 　　C.②④ 　　D.①③ （4）张绍河老汉的独子去世，欠下十余万元没打借条的借款，他说人死不能债不清。他省吃俭用卖掉祖宅，替子还清债务后却被诊断为胰腺癌晚期，他叮嘱妻子用丧葬费把自己治病欠下的4万元还了，把诚信接力棒传递下去。这主要体现了（C）。 A.以义当先以人为本，感人肺腑催人奋进 B.义利清晰公私分明，人死债清诚信到底	1.学生通过平板电脑上传答案。 参考答案： （1）D （2）D （3）D （4）C 2.教师根据学生上传的答案，即时了解学生答案的准确率，讲评绝大多数的错题。还可发送类似的题继续训练，直至这个知识点过关为止。

续 表

教学过程	教学内容	学生活动
评价反馈	C. 诚信老爹义不容辞，勇于担当光照后人 D. 诚实做人善良待人，先公后私先人后己 **（二）教学反馈** 本堂课以家风建设为切入点，探讨思想道德建设，学生接受得比较容易，在分享环节基本能畅所欲言，并自己归纳出社会所需要的核心价值观，对于理解核心价值体系有很大帮助。	

（黄翠婷）

生活与哲学

在实践中追求和发展真理

【教学目标】

1. 知识目标

（1）识记真理的含义、真理的基本属性。

（2）理解真理的具体性。

（3）分析说明追求真理要与时俱进。

2. 能力目标

通过学习，形成正确区分和判断真理与谬误的能力，正确地对待真理和谬误，坚持真理，反对谬误。

3. 情感、态度与价值观目标

树立追求真理的理念，确信追求真理要与时俱进，以在实践中认识和发现真理，在实践中检验和发展真理作为不懈的追求和永恒的使命。

4. 核心素养目标

能够在认识世界和改造世界的过程中，表现出坚持马克思主义的科学世界观和方法论，在既有真理的基础上再探索、提出超越真理自身的新认识，推动真理发展。

【教学重难点】

（1）教学重点：认识的特点及其方法论要求。

（2）教学难点：真理的特点。

【教学设想】

以学科核心素养为指导，通过创设学生熟悉的情境，让学生积极参与，主动获得新知，能够在学习和生活实践中，明确真理是客观的、有条件的、具体的，不以人的意志为转移，并勇于推动真理发展。

【教学方法】

在互联网环境下，利用平板电脑等终端设备，采用探究法、分析法开展教学。

【教学过程】

教学过程		教师活动	师生活动
学习任务		（1）尝试列举与本课知识相符的生活现象。 （2）准备牛顿力学的相关实验展示，力学原理分析。	课前教师在网上发布学习任务清单，学生上网完成教师布置的学习任务，学生完成后在网上提交。
新课导入		播放《我的牛顿教练》的视频，提出问题：怎样的认识能够帮助人们快乐运动、有效锻炼。	教师利用平板电脑播放视频。 学生根据视频内容和上一节课实践与认识的关系，说明正确认识能推动实践的发展。
自主合作探究	探究活动1	（1）展示表格，让学生填表区分真理与谬误。 （2）根据真理和谬误的含义，判断以下现象谁是真理： ① 地球是椭圆的球体。 ② 地球是宇宙的中心。 （3）分析观点： ① 有用的观念就是真理。 ② 因为它是真理，所以才有用。 教师根据真理的含义深化其分析：真理的来源、内容是客观的，真理的判断标准是客观的，因而真理最基本的属性是客观性，真就是真，假就是假，不以人的意志为转移。 教师提出疑问：谁可以发现真理？科学家、普通人？ 在学生回答的基础上引导其明白真理面前人人平等，鼓励其积极探索，善于发现真理。	教师利用平板电脑展示表格及具体要求。 学生在填表、判断、分析观点中理解真理和谬误的含义。 教师分析讲解。 学生在教师分析的基础上理解真理最基本的属性是客观性，坚持把握真理的客观性。 教师提出问题引导学生思考。 学生思考，并感悟到能够对客观事物及其规律做出正确反映，能够发现真理。

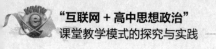
续表

教学过程		教师活动	师生活动
自主合作探究	探究活动2	（1）让学生演示牛顿三大定律的经典实验，引导其思考：牛顿三大定律一定是真理吗？帮助学生理解真理是有条件的、具体的。 （2）运用"真理是有条件的"具体说明马克思主义自传入中国后，中国共产党人把马克思主义基本原理同中国具体实际结合起来，在推进马克思主义中国化的历史进程中产生了毛泽东思想和中国特色社会主义理论体系。	教师组织学生演示及思考。 学生回顾实验，运用相关知识分析马克思主义中国化的发展成果，充分感悟真理是具体的、有条件的，超出条件范围和特定的过程，真理会转化为谬误，从中得到启发：真理和谬误相伴而行，犯错误并不可怕，应该正确认识和改正错误，不断发展真理。
	探究活动3	展示材料，指导学生按小组剖析牛顿定律探究过程和我国航天事业探索过程的共同点，思考要点： ① 为什么没有一次发现真理？ ② 这些真理一直都是真理吗？ ③ 后来发现的真理与原来的一样吗？ ④ 这对我们做事情有何启发？	教师利用平板电脑展示材料，引导学生思考。 学生以小组的形式共同感悟认识的反复性、无限性和上升性，我们应该把与时俱进，开拓创新，在实践中认识和发现真理，在实践中检验和发展真理，作为我们不懈的追求和永恒的使命。
	探究活动4	党的十九大报告提出，中国特色社会主义进入新时代，我国社会主要矛盾已经转化为人民日益增长的美好生活需要和不平衡不充分的发展之间的矛盾。运用所学知识分析这个判断是不是真理，党在不同时期对社会主要矛盾的不断探索有何意义？	教师利用平板电脑展示材料及问题。 在探索中再一次深化对真理和认识特点相关知识的认识，运用知识解决问题，把握哲学现实价值，形成学科素养。

续 表

教学过程	教师活动	师生活动
自我升华	通过以下思维导图引导学生总结、感悟、升华知识。 真理 —特点→ { 客观性 / 有条件的 / 具体的 } ↓ 追求真理是一个过程 { 认识的反复性 / 认识的无限性 / 认识的上升性 / 在实践中认识和发现真理，在实践中检验和发展真理 }	在教师的引领下，学生根据思维导图总结、感悟、升华知识。 学生在平板电脑上分享各自的知识建构，教师点拨、分享。
评价反馈	**（一）教学评价** （1）"感冒了，多喝点水吧。"在生活中，当我们不小心伤风感冒时，总是会听到医生给出这样的建议。但澳大利亚的医学家们近日指出，对于某些特定的呼吸道疾病来说，多喝水甚至会对身体有害。这说明（C）。 ① 医学家和患者的真理是各不相同的 ② 真理与谬误相伴而行，可能相互转化 ③ 任何真理都有自己特定的条件和范围 ④ 真理是客观物质，谬误是一种错误意识 A.①② B.①④ C.②③ D.③④ （2）毛泽东说："真理只有一个，而究竟谁发现了真理，不依靠主观的夸张，而依靠客观的实践。"这句话表明（B）。 A. 对同一事物，人们的认识都是相同的 B. 真理是客观的 C. 真理就是科学理论 D. 只要参加实践，就能获得真理 （3）传统的"木桶理论"认为，木桶的容量取决于最低的那块木板。但最新的"木桶理论"认为，如果把木桶倾斜放置（向最长的木板倾斜），木桶的容量则取决于最长的那块木板。这说明真理（D）。 ①客观的 ②具体的 ③因人而异的 ④有条件的 A.①②④ B.①③ C.②③ D.②④	1. 学生通过平板电脑上传答案。 参考答案： （1）C （2）B （3）D （4）B （5）C （6）A （7）①认识具有反复性。认识受到各种条件的限制，人们对事物的正确认识往往要多次反复才能完成。中国共产党经过多次的反复才获得了上述正确的理念。 ② 认识具有无限性。人类追求真理是一个永无止境的过程。伴随社会的发展，中国共产党在执政中不断追寻着更顺应自然，更尊重民意的执政理念。

181

教学过程	教师活动	师生活动
评价反馈	（4）维生素是维持人体正常功能的基本要素。以往人们通过食物获取这些微量物质，科学的发展使人们能够通过服用某种或某几种维生素来弥补食物摄取方式的不足。一些科学家认为，大量服用某些维生素有益于身体健康，但另一些科学家警告说，服用过量的维生素可能对健康造成损害。关于维生素的问题的争论表明（B）。 ① 真理是有条件的 ② 人们获得的正确认识仅在一定时期内是真理 ③ 真理和谬误是对立统一的 ④ 人们的认识不能正确把握事物的本质和规律 A.①②　　B.①③　　C.③④　　D.②④ （4）全球海洋生物普查结果显示，约有75%的海洋物种人类知之甚少，它们大多分布在未被深入考察的海域。这表明（C）。 ① 客观事物随着认识的变化而变化 ② 认识总要受到具体实践水平的限制 ③ 世界上总会存在人类无法认识的事物 ④ 追求真理是一个永无止境的过程 A.①②　　B.③④　　C.②④　　D.①③ （6）新版《十万个为什么》已经修订出版，开放性、探索性是其突出亮点。对于科学界没有定论的问题，该书汇集了多家观点，以引导读者进一步思考。在一些问题上不设标准答案，其合理性在于对复杂事物的认识（A）。 ① 往往是一个具有反复性和无限性的过程 ② 是一个不断克服片面性甚至错误的过程 ③ 是一个仁者见仁、智者见智的永无定论的过程 ④ 往往是一个在实践基础上推翻和超越已确定的真理的过程 A.①②　　B.①③　　C.②④　　D.③④ （7）从"人定胜天"的万丈豪情到"必须树立尊重自然、顺应自然、保护自然的生态文明理念"，再到"美丽中国"，说明我们党的执政理念越来越尊重自然，越来越尊重人民感受。我们有理由相信，在"美丽中国"理念的指导下，只要我们脚踏实地、不懈努力，天蓝、地绿、水净的"美丽中国"，就一定会在我们这一代人手中实现。	③ 认识具有上升性。从实践到认识，再从认识到实践是一种波浪式的前进或螺旋式的上升。从"人定胜天"到"美丽中国"，必将推进我国生态文明建设的发展。 ④ 总之，在实践中认识和发现真理，在实践中检验和发展真理，是我们党不懈的追求和永恒的使命。 2. 教师根据学生上传的答案，即时了解学生答案的准确率，讲评绝大多数的错题。还可发送类似的题继续训练，直至这个知识点过关为止。

续 表

教学过程	教师活动	师生活动
评价反馈	结合材料,从"追求真理是一个过程"的哲理角度,说明中国共产党执政理念转变的正确性。 **(二)教学反馈** 本节课通过创设学生熟悉的情境,充分发挥学生的主体作用,让学生积极参与,主动获得新知。	

(周淑仪、刘玲玲)

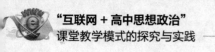
世界是普遍联系的（一）

【教学目标】

1. 知识目标

识记联系的含义，理解联系的特征及其方法论要求，正确理解联系的普遍性与客观性以及事物联系的客观性与人的活动的关系。

2. 能力目标

通过对联系含义的提炼与概括，培养学生的逻辑思维能力，能运用联系的普遍性和多样性及其意义的原理分析社会生活中的一些现象和具体事例的能力。

3. 情感、态度与价值观目标

通过对本课的学习，学会把握联系的普遍性、客观性和多样性，会用联系的观点看问题，自觉维护人类生存的环境，增强环保意识。自觉地坚持唯物辩证法，反对形而上学，在认识世界和改造世界的过程中做到一切以时间、地点、条件为转移，形成辩证的思想方法。

4. 核心素养目标

加强学生对生态文明建设的认同感，使学生坚持马克思主义世界观和方法论，提高公共参与意识，积极参与生态环境保护的实践。

【教学重难点】

（1）教学重点：事物联系的普遍性、客观性。

（2）教学难点：事物联系的客观性与人的活动的关系（人们能够改变事物的状态，建立新的具体的联系）。

【教学设想】

本节课的教学以高中新课程的基本理念为依据，通过"一例到底"设计一系列的学生活动来完成教学内容的讲授，让学生主动参与到教学活动中来，真正成为教学的主体。整节课的设计都贯穿着情感教育，教师通过提供丰富的材料，让学生积极主动地参与学习，形成师生互动的教学氛围，从而达到教师的教与学生的学的心灵碰撞，学生在自主获取知识的同时，正确认识并理解世界是普遍联系的，初步形成正确的世界观。

【教学方法】

在互联网环境下，利用平板电脑等终端设备，采用情境导入法、活动探究法、集体讨论法、情感升华法开展教学。

【教学过程】

教学过程		教学内容	师生活动
学习任务		（1）学习微课《哲学上的联系与具体的联系的关系》。 （2）查找、收集有关雾霾的资料。 （3）阅读教材，回答以下问题： ①联系的含义。 ②联系的特征。	课前教师在网上发布学习任务清单，学生上网观看微课，完成教师布置的学习任务后在网上提交。
新课导入		雾霾下的中国——北京、上海、武汉、珠海 网上关于雾霾的段子： （1）早上骑车上班，有种开飞机的感觉，两边全是祥云！ （2）世界上最远的距离，不是生与死的距离，而是我在上海街头牵着你的手，却看不见你的脸。 （3）刚才下楼遛了半个多小时的狗，回家一称，体重增加了一斤半。 …… 这说明了什么？	教师展示图片，创设情境，设置问题，引发学生思考。 学生进入情境，思考并回答问题，将问题与知识进行初步结合。
自主合作探究	探究活动1	认清"雾霾" 观看视频《雾霾天气形成的原因及对人的伤害》并思考： （1）雾霾是由什么构成的？ （2）引发雾霾天气的因素有哪些？ （3）雾霾天气给人类的生活带来哪些影响？	教师利用平板电脑播放视频，并发布探究问题。 学生带着问题观看视频，在观看视频的过程中吸收、提取有效信息。

续 表

教学过程		教学内容	师生活动
自主合作探究	探究活动1	展示：知识归纳 **（一）联系的含义** 联系是指事物之间以及事物内部诸要素之间相互依赖、相互影响、相互制约、相互作用。 思维点拨： （1）注意：哲学上讲的联系是对万事万物具体联系的抽象与概括，是一种抽象联系。 它与具体联系的关系是：抽象联系是具体联系的抽象与概括，具体联系是抽象联系的具体表现。简单地说就是一般与个别、抽象与具体、共性与个性的关系。 （2）从视频里得知，汽车尾气是引发雾霾天气的其中一个重要因素。那汽车尾气的排放又与什么有关？汽车生产、汽车制造又与哪些行业有关？ 这充分说明了任何事物都与周围其他事物有这样或那样的联系，其中没有一个事物是孤立存在的，世界是一个普遍联系的有机整体。 展示：知识归纳 **（二）联系的特征** 联系的普遍性： ① 表现。 a. 每一事物内部的各个部分、要素之间都是相互联系的（事物内部）。 b. 任何事物都与周围其他事物有这样或那样的联系（事物外部）——是事物存在和发展的条件，表现为纵向的古往今来的联系和横向的左右相邻的联系。 c. 世界是一个普遍联系的有机整体，没有一个事物是孤立存在的（整个世界）。 由此得出：普遍联系是绝对的、无条件的，世界上没有不与其他事物相互联系着的事物。 教师点拨： 有人说："世界上任何（两个）具体事物之间都一定存在着联系。"这种说法对吗？为什么？ 举例：由视频得知 雾霾 ←——吸入——→ 死亡 ——→ 联系产生	教师组织学生分组讨论交流及回答。 学生观看完后分组讨论交流后形成答案并回答。 根据学生的回答，师生一起适时进行知识归纳梳理。 教师利用平板电脑展示知识归纳。 学生做好笔记。 教师点拨，提出问题，引导学生思考。 学生思考，并尝试举例说明。 学生根据教师点拨进一步理解疑难点。

教学过程		教学内容	师生活动
探究活动1		得出：世界上每一个具体联系又都是具体的、有条件的。 综上所述：任何事物都与周围其他事物有这样或那样的联系，世界上没有不与其他事物相互联系着的事物（事物存在和发展的条件）。但是，世界上每一具体联系又都是具体的、有条件的。从这个角度看，联系也具有条件性。 展示：知识归纳 ②方法论要求。 用联系的观点看问题，反对孤立片面地看问题。	
自主合作探究	探究活动2	**（一）正视雾霾** 材料一：现在的雾霾越来越严重。很多人觉得古代的中国空气好，没有雾霾。但是有资料显示，那时也存在雾霾。《元史》：元天历二年，"雨土，霾，天昏而难见日，路人皆掩面而行"；元六年，"雾锁大都，多日不见日光，都门隐于风霾间，风霾蔽都城数日"。 思考： 古今都存在雾霾，且雾霾影响着人们的生活，说明联系具有什么特点？ 展示：知识归纳 **（二）联系的客观性** （1）含义：联系是事物本身所固有的，不以人的意志为转移。 注意：事物联系的客观性从根本上是由物质的客观实在性决定的。 （2）体现（与实践的关系）： ① 自在事物的联系（先于人类而存在）。 ② 人为事物的联系。 材料二：人工降雨是治理雾霾的有效方法之一。人工降雨是根据自然界降水形成的原理，根据不同云层的物理特性，选择合适时机，用飞机、火箭向云中播撒干冰、碘化银、盐粉等催化剂，促进水滴迅速凝或碰撞结合增长成雨滴，降落到地面。	教师利用平板电脑展示材料，并发布探究问题。 学生阅读材料，回答问题。 根据学生的回答，师生一起适时进行知识归纳梳理。 教师利用平板电脑展示知识归纳。 学生做好笔记。 教师利用平板电脑发布课堂练习。 学生做课堂练习——区别自在事物的联系和人为事物的联系（略）。学生利用平板电脑随机作答。 教师利用平板电脑展示材料，并发布探究问题。

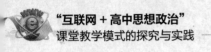

续　表

教学过程		教学内容	师生活动
自主合作探究	探究活动2	思考： （1）人工降雨需要哪些条件？ （2）从哲学上看，人工降雨是一种什么活动？ （3）有人认为通过人工降下来的雨是以人的意志为转移的。这种说法对吗？为什么？ 教师点拨： 人为事物的联系产生的条件：需要客观事物，需要遵循客观规律。人为事物的联系以自在事物的联系为基础。 人为事物的联系产生的过程：人为事物的联系通过实践这一客观物质性的活动才能形成。 人为事物的联系产生的结果：人为事物的联系形成后便独立于人的意识之外。 展示：知识归纳 **（三）联系的客观性** 体现（与实践的关系）： （1）自在事物的联系（先于人类而存在）。 （2）人为事物的联系（人类实践的产物）。 材料三：降雨能缓解雾霾。古人通过拜求龙王庙，来祈求降雨。今天，人们利用人工降雨来治理雾霾。 思考： （1）古人拜龙王庙祈求降雨可行吗？ （2）今天人们针对雾霾采取的措施体现了什么哲学道理？ 展示：知识归纳 **（四）联系的客观性** 方法论要求： （1）要从事物固有的联系中把握事物，切忌主观随意性。离开事物的真实联系，抓住事物的表面相似之处，主观臆造并不存在的联系，是诡辩论的一个重要特征。 （2）联系是客观的，并不意味着人对事物的联系无能为力。人们可以根据事物固有的联系，改变事物的状态，调整原有的联系，建立新的联系。	学生阅读材料，分组讨论交流，形成答案并回答。通过平板电脑拍照的方式上传同屏给全班同学分享。同屏分享后学生自由起身回答。 学生根据教师点拨进一步理解疑难点。 根据学生的回答，师生一起适时进行知识归纳梳理。 教师利用平板电脑展示知识归纳。 学生做好笔记。 教师利用平板电脑展示材料，并发布探究问题。 学生阅读材料，回答问题。 根据学生的回答，师生一起适时进行知识归纳梳理。 教师利用平板电脑展示知识归纳。 学生做好笔记。

续 表

教学过程		教学内容	师生活动
自主合作探究	探究活动2	材料四：近几年来，珠海的雾霾天气也越来越多。伴随着珠海城镇化、工业发展的不断升温，楼房不断在建，车辆在不断增多，各种污染呈倍数上升，再加上珠海周边城市快速发展的工业和城镇化建设带来的跨境传输的污染，造成了珠海空气能见度降低，本该晴朗的天空看起来灰蒙蒙一片。 思考： （1）从材料中找出引起珠海雾霾天气的原因有哪些。 （2）利用联系的多样性分析在发展城镇化、发展工业的时候，人们犯了什么样的错误？ （3）根据联系的多样性、条件性原理，我们该怎么做？ 展示：知识归纳 **（五）联系的多样性** （1）表现：有直接联系和间接联系、内部联系和外部联系、本质联系和非本质联系、必然联系和偶然联系、因果联系，整体联系和部分联系…… 注意：联系的多样性是由事物的多样性决定的。 （2）把握联系的多样性对于我们正确认识事物具有重要意义。 （3）方法论要求：在认识世界和改造世界的过程中，要善于分析和把握事物存在和发展的各种条件。既要注重客观条件，又要恰当运用主观条件；既要把握事物的内部条件，又要关注事物的外部条件；既要认识事物的有利条件，又要重视事物的不利条件。总之，一切要以时间、地点、条件为转移。	教师利用平板电脑展示材料，并发布探究问题。 学生阅读材料，分组讨论交流，形成答案并回答。通过平板电脑拍照的方式上传同屏给全班同学分享。同屏分享后学生自由起身回答。 根据学生的回答，师生一起适时进行知识归纳梳理。 教师利用平板电脑展示知识归纳。 学生做好笔记。 教师利用平板电脑发布课堂练习。 学生做课堂练习——区别各种具体的联系（略）。学生利用平板电脑随机作答。
自我升华		**（一）自主构建知识体系** 展示 世界是普遍联系的 —— 含义 —— 事物之间 / 事物内部诸要素之间 —— 相互依赖 / 相互影响 / 相互制约 / 相互作用 —— 特征 —— 普遍性（条件性）/ 客观性 / 多样性	学生自己构建知识体系，并与教师和其他同学的比较后进行修改完善。 学生在平板上分享各自的知识建构，教师点拨，分享。

续　表

教学过程	教学内容	师生活动
自我升华	**（二）治理雾霾** 聚焦两会——2019年两会政府工作报告 李克强在第十三届全国人民代表大会第二次会议上做的2019年政府报告中强调，巩固扩大蓝天保卫战成果。今年二氧化硫、氮氧化物排放量要下降3%，重点地区细颗粒物（PM2.5）浓度继续下降。绿色发展人人有责，贵在行动、成在坚持。我们要共同努力，让人民群众享有美丽宜居的环境。 交流：绿色发展人人有责，从雾霾到阳光，我们该做什么？	教师利用平板电脑发布材料及交流的问题，组织学生分组讨论。 学生分组讨论交流，形成答案，通过平板拍照的方式上传同屏给全班同学分享。同屏分享后学生自由起身回答。
评价反馈	**（一）教学评价** （1）"窗含西岭千秋雪""玉窗五见樱桃花"。中国传统建筑中窗的设计，巧妙之处在于可以引进阳光、空气，为居室主人呈现大自然的馈赠，借助窗外的空间美，人的心灵之窗也被打开，"纳千顷之汪洋，收四时之烂漫"。下列选项正确的有（D）。 ① 窗、景、情之间是本质的必然的联系 ② 借窗生景的设计体现了征服自然的天人合一理念 ③ 窗与景、景与诗、诗与情的交融体现了人的创造性 ④ 窗的设计体现了内与外、近与远、有限与无限的和谐统一 A.①②　　B.①③　　C.②④　　D.③④ （2）唐代文学家柳宗元有诗云："乡禽何事亦来此，令我心生忆桑梓。"桑和梓原本是两种树，在古代与人们的生活有密切的关系。人们常在房前屋后栽植桑梓，而后人对父母先辈所栽植的桑树和梓树也心怀敬意。久而久之，"桑梓"便成为祖先崇拜的符号和故乡的代称。由此可见（D）。 ① 文化发展是通过创新实现的 ② 人为事物的联系是客观的 ③ 人的认识是不断变化发展的 ④ 文字是文化发展的基本载体 A.①②　　B.①④　　C.②③　　D.③④	1. 学生通过平板电脑上传自己的答案。 参考答案： （1）D （2）D （3）B （4）D （5）① 联系具有普遍性，要求必须用联系的观点看问题。筑更加紧密的中非命运共同体基于中国和非洲携手前行的路上，早已结成休戚与共的命运共同体，正确地认识和把握了事物的联系。 ② 联系具有多样性，要正确分析和把握事物存在和发展的各种条件。面对新形势、新任务，习近平主席提出共筑更加紧密的中非命运共同体，做到一切以时间、地点、条件为转移。

续 表

教学过程	教学内容	师生活动
评价反馈	（3）"蝴蝶效应"由气象学家洛伦兹于1963年提出，其大意是：南美洲亚马逊河流域热带雨林中的一只蝴蝶偶尔煽动几下翅膀，可能在两周后引起美国得克萨斯州的一场龙卷风。"蝴蝶效应"不仅体现惊人的想象力和迷人的美学魅力，更蕴含着深刻的哲学内涵。它揭示了（B）。 ① 世界上万事万物无不处于相互影响、相互制约的关系之中 ② 世界上所有重大事件的发生都是偶然因素相互作用的结果 ③ 世界上万事万物的普遍联系都是大胆想象和合理推论的结果 ④ 某个微小因素的变化在一定条件下会对系统产生决定性影响 A.①②　　B.①④　　C.②③　　D.③④ （4）研究证实，成纠缠态的两个量子，在空间上无论相隔多远，哪怕一个在地球一个在月球，它们仍能保持神秘联系，对其中一个进行测置时，另一个瞬间也会发生变化，这就是物理学中神奇的"量子纠缠"。这表明（D）。 ① 联系是客观的，不以人的意志为转移 ② 人能够能动地认识世界 ③ 人发挥主观能动性可以创造新的联系 ④ 思维能规定事物的存在方式 A.①②　　B.③④　　C.①③　　D.②④ （5）秋色怡人时节，习近平主席在2018年中非合作论坛北京峰会开幕式上发表主旨讲话。中国是最大的发展中国家，非洲是发展中国家最集中的大陆。携手前行的路上，中非早已结成休戚与共的命运共同体。面对新形势、新任务，回应中非人民对美好生活的共同追求，习近平主席提出携手打造责任共担、合作共赢、幸福共享、文化共兴、安全共筑、和谐共生的中非命运共同体，赋予中非命运共同体新的时代内涵。这一宏伟目标，着眼于打造新时代更加紧密的中非命运共同体，合作共赢的务实举措更加精准，有利于非洲雄狮奔腾向前，中国发展势不可挡，中国梦和非洲梦在相互辉映中绽放出更加夺目的光芒。	③ 整体与部分是辩证统一的关系，整体居于主导地位，统率着局部，具有局部根本不具有的功能。我们必须立足整体，统筹全局，选择最佳方案，实现整体最优目标，以达到整体功能大于部分功能之和的理想效果。打造新时代更加紧密的中非命运共同体，责任共担、合作共赢、幸福共享、文化共兴、安全共筑、和谐共生，实现中国梦和非洲梦。 2. 教师根据学生上传的答案，即时了解学生答案的准确率，讲评绝大多数的错题。还可发送类似的题继续训练，直至这个知识点过关为止。

191

续　表

教学过程	教学内容	师生活动
评价 反馈	运用联系的观点，分析说明共筑更加紧密的中非命运共同体的正确性。 **（二）教学反馈** 本节课的教学利用生活中的现象——雾霾设计了一系列的学生活动，让学生主动地参与到教学活动中来，真正成为教学的主体，从而使学生在自主获取知识的同时，正确认识理解世界是普遍联系的，初步形成正确的世界观。	

（刘玲玲）

世界是普遍联系的（二）

【教学目标】

1. 知识目标

（1）识记联系的含义，联系的客观性和普遍性。

（2）理解联系的多样性。

（3）结合生活实例，运用相关原理，分析生存环境和人类活动的关系，说明世界上的一切事物都不是孤立存在的。

2. 能力目标

（1）通过本课的学习，培养学生全面地、联系地看问题和分析问题的能力；培养学生综合运用知识的能力，以及运用所学知识分析、处理和解决实际问题的能力。

（2）使学生初步具有认识和发现事物固有的、本质的、必然的、稳定的联系的能力，初步具有运用全面、联系的观点分析和处理问题的能力。

3. 情感、态度与价值观目标

树立唯物辩证法的联系观，自觉抵制形而上学的孤立观。坚持用联系的观点看问题，自觉保护人类生存的环境，明确一切以时间、地点和条件为转移，是正确认识和把握事物、在认识世界和改造世界的活动中不断取得成功的关键。

4. 核心素养目标

培育学生理性分析问题的科学精神。

【课程标准的基本要求】

观察社会现象和自然现象，领会世界是普遍联系的，学会用联系的观点看问题。

【教学重难点】

（1）教学重点：世界是普遍联系的。

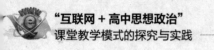

（2）教学难点：世界是普遍联系的，联系具有客观性。

【教学设想】

本节课的教学以高中新课程的基本理念为依据，以多媒体为辅助教学手段，创设情境、设置议题问题、师生共同探究。

本课所涉及的"用联系的观点看问题"的有关知识，涉及比较多的时政热点知识，网络资源特别丰富，因此采用"互联网＋"的教学模式。

1. 课前准备

（1）学生预习本课知识并构建知识网络，上传作业。

（2）上网收集有关联系的相关资料。

2. 课堂教学

通过"新课导入—自主学习—自主探究—自我升华"四个环节，将学生课前收集到的资料在课堂上展示出来，对学生收集的资料进行整理和归纳，将零散的知识条理化、系统化。

3. 课后巩固

通过课后练习，进行巩固和升华，继续构建知识网络，培养学生获取资料、提取信息和整理信息的能力。

本着以学生为本的理念，着眼于学生的终身发展，在传授知识的同时，更加注重学习的过程，更加注重能力的培养，因而采用了新课程提倡的自主学习、合作学习和探究学习的方法。

【教学方法】

以情境教学法、讨论式教学法、探究式教学法为主。

【教学过程】

教学过程	教学内容	师生活动
学习任务	微课推送：了解世界是普联联系的，联系具有客观性的案例，联系具有多样性的案例；构建本课的知识网络图。	课前教师通过网络发布微课，学生自主学习微课并完成相关学习任务。

教学过程	教学内容	师生活动
新课导入	视频导入： 2018年10月23日，港珠澳大桥全线通车运营。港珠澳大桥目前是世界上里程最长、预期寿命最长、钢结构最大、施工难度最大、沉管隧道最长、技术含量最高、科学专利和投资金额最多的跨海大桥。港珠澳大桥从修建到建设到完工，建设团队克服了各种困难，大桥工程的技术及设备规模创造了多项世界纪录，成为人类建筑史上的一项伟大工程。正如习近平总书记所说："港珠澳大桥是国家工程、国之重器，其建设创下多项世界之最，非常了不起，体现了一个国家逢山开路、遇水架桥的奋斗精神，体现了我国综合国力、自主创新能力，体现了勇创世界一流的民族志气。这是一座圆梦桥、同心桥、自信桥、复兴桥。大桥建成通车，进一步坚定了我们对中国特色社会主义的道路自信、理论自信、制度自信、文化自信，充分说明社会主义是干出来的，新时代也是干出来的！"	通过视频导入，引发学生思考。
自主学习检验	（1）中国建筑中的飞檐，既可以使阳光充分照入室内，使雨水流向远处，又具有审美价值。中国古建筑中的飞檐与阳光、雨水之间的联系，就事物的联系与实践的关系来说属于（A）。 A.人为事物的联系　　B.自在事物的联系 C.机械的联系　　　　D.间接的联系 （2）港珠澳大桥耗资逾1100亿元于2018年开通运营，这将带动200万吨钢材和1200万吨水泥的需求，提供近60万个就业岗位，同时还可以带动沿线地方的建材、农副产品和日用品的消费等。这表明（C）。 ①事物的联系是普遍的 ②自在事物的联系是主观的 ③事物的联系是人为的 ④人为事物的联系是客观的 A.①②　　B.②③　　C.①④　　D.③④ （3）在为庆祝中英两国建立大使级外交关系45周年而录制的庆祝视频中，英国外交大臣鲍里斯·约翰逊特意强调"英国是中国在欧洲的最大投资目的地""过去五年中国赴英游客数量翻番""伦敦是世界上中国留学生最多的一座城市""希望两国未来能促进更好的合作"。这些观点（C）。	课前自主学习，检测学生对基础知识的掌握。

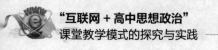

续　表

教学过程		教学内容	师生活动
自主学习检验		A. 强调了中英联系的客观性 B. 忽略了中英联系的条件性 C. 体现了中英联系的多样性 D. 看到了部分对整体的重要影响	
自主探究	探究活动1	2018年10月23日，港珠澳大桥全线通车运营，这座目前全球最长的跨海大桥，全长55千米，使用寿命120年，是中国建设史上里程最长、投资最多、施工难度最大的跨海大桥，被称为"现代世界七大奇迹之一"。大桥通车后，香港、澳门、珠海将形成一小时生活圈。香港与珠海、澳门之间的车程将从3个多小时缩短为30分钟，大大方便了三地的往来。 探究活动1： （1）建设港珠澳大桥涉及哪些方面？ （2）大桥通车后会给三地带来什么变化？ （3）这体现了什么知识？你能举出实际生活中的实例加以说明吗？	通过探究，讲授世界是普遍联系的。 （1）含义。 （2）特点： 联系具有普遍性。要求我们用联系的观点看问题。
	探究活动2	港珠澳大桥要穿过伶仃洋海域，这里是中华白海豚保护区，在修建时要考虑到环境保护问题，不能破坏伶仃洋海域的生态平衡。 探究活动2：人们要修建港珠澳大桥，但是又不能破坏生态环境，这是为什么？说明联系具有什么特点？港珠澳大桥的修建是人们根据自己的需要建设的，是否说明联系是主观的，为什么？	通过问题探究联系具有客观性。 （1）含义。 （2）表现：自在事物、人为事物的联系都是客观的。 （3）人们可以根据事物固有的联系，改变事物的状态，调整原有的联系，建立新的联系。 （4）联系具有客观性，要求我们要从事物固有的联系中把握事物，切忌主观随意性。根据固有联系，改变事物的状态，调整原有的联系，建立新的联系。

续 表

教学过程		教学内容	师生活动
自主探究	探究活动3	探究活动3：港珠澳大桥通车后会影响到我们的生活吗？它是通过哪些条件影响我们的生活的？	通过探究讲授联系具有多样性。①事物的联系具有多样性的表现。②联系具有多样性，要注意分析和把握事物存在和发展的各种条件。一切以时间、地点和条件为转移。
	探究活动4	探究活动4： （1）为加强粤港澳三地交流，写两幅宣传标语。 （2）到港珠澳大桥实地去感受一下。	设置开放性的问题和相关活动，引导学生回归生活。
自我升华		今天，我们通过了解港珠澳大桥的修建工程和港珠澳大桥修建后给香港、珠海、澳门带来的经济、文化等方面的影响，探究了世界是普遍联系的，联系具有普遍性、客观性和多样性，要求我们用联系的观点看问题 《礼记·大学》："古之欲明明德于天下者，先治其国；欲治其国者，先齐其家；欲齐其家者，先修其身；欲修其身者，先正其心；欲正其心者，先诚其意；欲诚其意者，先致其知，致知在格物。物格而后知至，知至而后意诚，意诚而后心正，心正而后身修，身修而后家齐，家齐而后国治，国治而后天下平。"	通过知识归纳和总结，读《礼记·大学》，情感升华。
评价反馈		（一）单项选择题 （1）（2017年高考全国Ⅰ卷.22）传统石油钻井产生了大量的废弃泥浆，占用土地，污染环境，某油气田采用"泥浆不落地处理与循环利用技术"，将废弃泥浆制成免烧砖等，既有效消除了钻井污染隐患，又节约了土地、水泥等资源。钻井废弃泥浆的资源利用佐证了（B）。 ①通过实践活动可以建立事物的新联系 ②正确发挥主观能动性就能消除客观条件的制约	通过练习巩固知识点，做到学以致用。 参考答案： （1）B （2）C （3）B （4）D

续 表

教学过程	教学内容	师生活动
评价 反馈	③ 事物联系的多样性决定于人类实践活动的多样性 ④ 把握事物联系的多样性有利于价值的创造性实现 A.①②　　B.①④　　C.②③　　D.③④ （2）（2017年高考江苏卷.27）有研究发现，在黑夜翻耕的土壤中，仅有2%的野草种子日后会发芽，但如果在白天翻耕，发芽率高达80%。进一步研究发现，绝大多数野草种子在被翻出土后的数小时内，如果没有受到光线的刺激，就难以发芽。材料表明（C）。 A. 人为事物联系是主观的 B. 新事物具有强大的生命力 C. 事物的联系是有条件的 D. 新事物存在不完善的地方 （3）2016年8月16日，中国成功发射世界首颗"量子卫星"。量子通信的安全性基于量子物理基本原理，单光子的不可分割性和量子态的不可复制性保证了信息的不可破解和不可窃听，确保身份认证、传输加密以及数字签名等无条件安全，可从根本上解决信息安全问题。这说明了（B）。 ① 意识活动具有目的性和计划性，因而可以认识事物本质 ② 联系的多样性，要求人们全面分析事物存在的条件 ③ 发挥主观能动性是认识和利用规律的前提 ④ 实践中出现的新问题推动了认识的发展 A.①②　　B.①④　　C.②③　　D.③④ （4）（2018年高考全国卷Ⅲ.21）中国的发展与世界的发展依存度日益加深。中国的发展离不开世界，世界的发展越来越得益于中国。其中蕴含的哲学道理是（D）。 ① 整体由部分构成，整体的功能存在于各个部分之中 ② 部分区别于整体，整体的状况不一定影响部分 ③ 部分影响整体，部分的发展有利于整体的发展 ④ 整体与部分相互依存，部分在整体中的地位是发展变化的 A.①②　　B.①④　　C.②③　　D.③④	参考答案： （1）联系是普遍的，要用联系的观点看问题，反对用孤立的观点看问题。网络发展推动社会主义民主政治建设。 （2）联系具有客观性，人们能够根据事物固有的联系，建立新的联系。网络发展拓宽了人们参与政治生活的渠道，搭建起政府与公民沟通的新平台。 （3）联系具有多样性。要注意分析和把握事物存在和发展的各种条件，一切以时间、地点和条件为转移。网络发展为我国民主政治建设带来有利条件，但用之不当也会带来不利影响。

教学过程	教学内容	师生活动
评价反馈	**（二）阅读材料，回答问题** 近年来，"网谈"日益成为中国政治生活中的热点。从中央到地方，各级党政官员纷纷"触网"，直接在网上了解社情民意，回应民间诉求……同时，这也激起了普通公民参政议政的热情。网络日益成为民众参政议政和政府科学决策的新平台，推动了社会主义民主政治建设。然而，在一些网络推手的恶意推动下，谣言在网络上快速传播，误导网络舆论，形成"网络暴力"，危害社会稳定。为此，政府应加强对网络的管理，引导公民有序参与网络生活。 运用联系的观点分析网络发展对我国政治生活的影响。 **（三）教学反馈** 本节课属于马克思主义哲学唯物辩证法的联系观，内容抽象。整个教学围绕港珠澳大桥的建设这一伟大工程，设置相关情境和探究活动，鼓励学生探究和争辩，突破重难点。	
教学后记	本课要求学生用联系的观点分析港珠澳大桥的生态环境问题，分析港珠澳大桥建设的经济和社会问题，有利于从简单到复杂，从具体到抽象，帮助学生突破重点和难点问题。教学中大胆取舍，选择学生容易出错的两个问题展开探究，有利于培养学生的抽象思维能力和辩证思维能力，让学生感受哲学之美。 最后一个探究问题，设置开放性的问题和回归生活，有利于学生参与生活，有利于提高学生社会参与的能力。	

（徐积先）

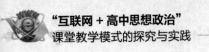
创新是引领发展的第一动力

【教学目标】

1. 知识目标

识记创新是推动社会生产力、生产关系、社会制度、人类思维和文化发展的动力。

2. 能力目标

懂得创新是引领发展的第一动力，理解必须把发展基点放在创新上的原因。

3. 情感、态度与价值观目标

培养学生积极参与日常创新活动的自主性和独立精神，培养创新精神，积极践行社会主义核心价值观。

4. 核心素养目标

（1）政治认同：认识到改革开放、习近平新时代中国特色社会主义思想的重要历史意义。

（2）理性精神：辩证地说明批判性思维在创新过程中的作用。

（3）法治意识：生活中的创新必须遵守法律。

（4）公共参与：列举多方面的创新表现和成果。

【教学重难点】

（1）教学重点：创新的作用。

（2）教学难点：创新推动生产关系和社会制度的变革。

【教学设想】

1. 利用"互联网+"教学

利用电视剧中常见的"穿越"为主线，选取与本课内容有关的材料，不断整合教育资源，提升学生的修养和素质，增强学生对社会主义核心价值观的认知与认同，使社会主义核心价值观内化于学生之心、外化于学生之行。

2. 以学生发展为本，以学科知识为支撑构建和谐课堂

创新是引领发展的第一动力，创新在经济、政治、文化的变革和发展中发挥着不可替代的作用。这节课的教学过程设计了四个探究活动，突出重点、条理清晰、紧凑合理。各项活动的安排也注重互动、交流，最大限度地调动学生参与课堂的积极性、主动性。

【教学方法】

在互联网环境下，利用平板电脑等终端设备，采用启发与引导、讨论与交流、合作与探究开展教学。

【教学过程】

教学过程	教学内容	师生活动
学习任务	（1）微课推送：观看"中国经济近十年发展历程""中国百年政治思潮""中国瓷器文化发展"等视频，突破难点。 （2）布置学习任务：预习本课知识并构建本课的思维导图。 （3）读教材，回答以下问题： ①构建本框题的知识体系。 ②完成本框题的学案。	课前教师在网上发布学习任务清单。学生上网观看微课，然后教师布置学习任务，学生阅读教材完成学习任务。完成后在网上提交。 学生预习本课知识并构建本课的思维导图。
新课导入	师：曾经，电视与网络上各种各样的穿越剧大行其道，同学们看过吗？ 不管看过没看过，反正"穿越"一词已经深深地印在我们脑海里了，很多人可能会幻想着有生之年可以穿越到某某朝代，做点不可告人的事情。 我们今天也来一次穿越时空的课堂，让我们一起跨越中国的过去、现在与未来，一起去感受中华五千年的悠久历史，开启探寻之旅。	引发学生情感共鸣，顺利进入新课。 学生根据教师的描述带着激情进入学习，感受课堂的魅力。

续 表

教学过程	教学内容	师生活动

自主探究 | **探究活动1：十年，见证中国经济之腾飞** |

时间轴展示：2008年、2018年。
PPT：2008年与2018年中国财富榜前十位。
分组讨论：2008年—2018年的中国财富榜有哪些变化？

2008年	姓名	财富	公司名	主要产业
1	刘永行	204亿元	东方希望	饲料、铝电、金融
2	黄光裕	183亿元	鹏润投资	家电、房地产
3	杨惠妍	152亿元	碧桂园	房地产
4	刘永好	149亿元	新希望	饲料、房地产、金融
5	周成建	136亿元	美特斯邦威	服装
6	张近东	122亿元	苏宁电器	家电
7	李彦宏	115亿元	百度	互联网服务
8	杜双华	108亿元	京华创新	钢铁
9	马化腾	107亿元	腾讯	互联网服务
10	周福仁	105亿元	西洋集团	化肥、耐火材料

2018年	姓名	财富	公司名	主要产业
1	马云	2387亿元	阿里巴巴	互联网服务
2	马化腾	2263亿元	腾讯	互联网服务
3	许家印	2125亿元	恒大	房地产
4	王健林	1566亿元	万达	房地产
5	何享健	1345亿元	美的	家电
6	杨惠妍	1179亿元	碧桂园	房地产
7	王卫	1028亿元	顺丰	物流
8	李彦宏	1007亿元	百度	互联网服务
9	李书福	979亿元	吉利	汽车
10	丁磊	931亿元	网易	互联网服务

为什么会有这样的变化？
如果你是2018年财富榜的成员之一，你会如何经营自己的企业以应对时代的变化？
总结归纳：说明创新推动生产力发展。从生产工具、生产技术、劳动者素质、劳动对象等方面回答。

科技创新 → 提高劳动者的素质 / 开辟更多的劳动对象 → 更新生产工具和生产技术

师生活动：
学生阅读材料，分组讨论交流，形成答案并回答。

通过平板电脑拍照的方式上传同屏给全班同学分享。同屏分享后学生自由起身回答。

根据学生的回答，师生一起适时进行知识归纳梳理。

学生根据前面所学内容，自己整理归纳原理和方法论。根据教师的展示，对比自己整理归纳的原理和方法论。

学生根据教师点拨进一步理解疑难点。

续 表

教学过程		教学内容	师生活动
自主探究	探究活动2：百年，目睹中国政治之变革	时间轴展示：1911年、1949年、1978年、2017年出现哪四位伟人。 分组展示：每组选取其中一位伟人，合作收集整理资料，小组选出一名发言人，分享展示其为中国政治发展做出了哪些探索与努力？ 总结归纳：创新可以推动生产关系的变革。 实践 → 基础上 → 理论创新是先导／制度创新是保障 → 改变 → 生产关系 社会制度	学生阅读材料，小组合作讨论，形成答案并回答。通过拍照的方式上传同屏给全班同学分享。 教师收集学生答案，邀请学生分享。 根据学生的回答，师生一起适时进行知识归纳梳理。 尽可能让学生多动脑、多交流、多分析，让学生在自己的思维活动中领会知识。
	探究活动3：千年，品味中国文化之传承	 宋代 青白瓷　元代 青花瓷　明代 青花玲珑瓷　现代 瓷工艺品 时间轴展示：宋代、元代、明代、现代。 PPT：宋代，青白瓷；元代，青花瓷；明代，玲珑瓷；现代，瓷工艺品。 学生思考：景德镇瓷器为何每个时代都会有新的产品和工艺出现？ 如果未来的你是瓷器大师，你会如何设计瓷器？ 总结归纳：创新可以推动人类思维方式的变革和人类文化的发展。 不同的实践方式／不同的实践活动 → 决定 → 不同的思维方式／不同的思维活动 实践 → 基础上 → 理论创新／实践创新 → 推动 → 思维方式／人类文化	学生自己在平板电脑上写出答案，并与教师和其他同学的比较后进行修改完善。 学生在平板电脑上分享各自的设计方案，教师点拨、分享。 引导学生积极思维，积极参与，独立自主地解决问题，充分挖掘他们的知识潜能。

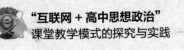

教学过程		教学内容	师生活动
自主探究	探究活动4：五千年，说文解字话"创新"	展示：汉字"创""新"二字的内涵。 PPT：党的十九大报告关于创新的论述剪辑。 学生思考：从偏旁部首来解释"创""新"二字的内涵。 总结归纳：创新是一个民族进步的灵魂，是一个国家兴旺发达的不竭动力，也是一个政党永葆生机的源泉。 "创新"二字一个带刀（刂），一个带斧（斤），可见创新必须大刀阔斧。创是重伤，我们经常讲"创伤"，"创"是个形声字，就是给人以巨大的打击，同时它的右边是利刀旁，意味着一把刀。"新"，只要带"斤"的，那个字都可以读成"斧钺"，砍东西的斧，斧就要是把那个东西切断，斩物为新，就是把一个东西砍断就叫"新"。所以，所谓创新，内涵就是大刀阔斧地改革。	学生阅读材料，认真思考，形成答案并回答。 通过拍照的方式上传同屏给全班同学分享。 教师引导学生互相点评，把学习的主动权还给学生，真正实现学生从"学会"到"会学"的转变。
自我升华		展示：本课知识体系。 课堂活动：结合个人体验和本课知识，理解创新的作用。 创新推动了生产力的发展，创新推动了生产关系和社会制度的发展，创新推动了人类思维和文化的发展。 知识小结 创新 生产关系　思维文化 生产力	学生自己构建知识体系，并与教师和其他同学的比较后进行修改完善。 学生在平板电脑上分享各自的知识建构，教师点拨、分享。 让学生在自己的思维活动中领会知识。
评价反馈		（一）教学评价 （1）2018年10月，我国自主研制的综合救援飞机——AG-600"鲲龙"水陆两栖飞机首次水上试飞成功。该机最大的特点就是能够在水面和陆地两种环境起降，大大拓展了应用范围，尤其适合森林灭火、水上救援、海洋维权、岛礁补给、远海人员物资运输等任务。材料进一步佐证了（A）。	1.学生通过平板电脑上传自己的答案。 参考答案： （1）A （2）D （3）A （4）D （5）B

下 篇

"互联网+高中思想政治"课堂教学模式的优秀教学设计

续 表

教学过程	教学内容	师生活动
评价反馈	① 矛盾的普遍性和特殊性相互联系 ② 人们可以根据需要建立新的联系 ③ 创新推动着社会生产力的发展 ④ 矛盾的同一性寓于斗争性之中 A.①③　　B.①④　　C.②③　　D.②④ （2）2018年10月24日，前后历时14年，总长约55千米的港珠澳大桥正式通车。我国攻克大桥建设面临桥位选址、主通航区设置、人工岛平面优化、桥孔合理跨距等一系列问题，在超大型交通基础设施建设的技术、设备、科技创新能力等多个领域取得了全面突破，为世界海底隧道工程技术提供了独特的样本和宝贵的经验。从唯物辩证法的角度看，这说明（D）。 ① 创新能推动社会生产力的发展 ② 事物发展的途径是前进的、上升的 ③ 矛盾的普遍性存在于特殊性之中 ④ 人们的认识受到主体、客体的影响 A.①②　　B.②④　　C.③④　　D.①③ （3）为什么登山者选择曲径登顶，滑雪者选择曲线奔向终点，河流选择蜿蜒流向大海？原来经过试验和论证，两点间最快的路线并不是直线，而是一段旋轮线，也被称为"最速曲线"。两点之间最短的距离是直线，但选择曲线也许是解决问题的最快路径，这表明（A）。 A. 创新有助于改变思维方式，借势而行 B. 成功的路径，取决于创新的思维方式 C. 以权威否定一切，有助于开拓创新 D. 创新意识是推动实践发展的根本动力 （4）2018年2月6日，港珠澳大桥主体工程完成交工验收。港珠澳大桥总长55千米，是连接香港、珠海和澳门的超大型跨海通道，也是迄今世界最长的跨海大桥。该工程是中国桥梁在设计、施工、材料研发等各方面成果的集中展示，推动了我国交通行业的升级换代和技术进步。这表明（D）。 ① 发挥主观能动性是认识和利用规律的前提 ② 人们可以利用技术手段突破条件的限制，造福人类	（6）① 辩证地否定是事物发展和联系的环节，其实质是扬弃，要求我们树立创新意识。《平"语"近人》立足中国新时代的实践，在继承优秀传统文化的基础上推动了文化形式和内容的创新。 ② 辩证法的革命批判精神和创新意识，要求我们注重研究新情况，敢于寻找新思路，确立新观念，开拓新境界。《平"语"近人》是立足中国新时代实际的阐释与创新运用，是思想理论的创新。 ③ 创新推动了人类思维和文化的发展，是引领社会发展的第一动力。《平"语"近人》恰似一股清流，向世人传播中国的好声音、中国的好文化，让人民了解中国的优秀传统文化，有利于社会主义文化的发展，也会助力中华民族伟大复兴中国梦的实现。 2. 教师根据学生上传的答案，即时了解学生答案的准确率，讲评绝大多数的错题。还可发送类似的题继续训练，直至这个知识点过关为止。

205

续 表

教学过程	教学内容	师生活动
	③ 意识活动具有目的性、客观物质性、主动创造性 ④ 创新能够更新生产工具，推动社会生产力的发展 A.①③　　B.①④　　C.②③　　D.②④ （5）苏州素以"苏工""苏作"闻名。从缂丝、苏绣、苏扇、宁锦到苏裱，从玉雕、砖雕、核雕到明式家具，苏工在技法上源远流长，传承浓厚。如今，以苏绣、玉雕等为代表的苏工在设计手法上不断求变，为传统苏工注入了新活力。这表明（ B ）。 A.创新就是对既往的否定和对现实的肯定 B.创新的过程必定也是"扬弃"的过程 C.创新推动科技进步和社会生产力的发展 D.创新推动生产关系和人类思维的变革 （6）阅读材料，完成下列要求。 在各种明星综艺节目横行的时代，央视推出的《平"语"近人——习近平总书记用典》恰似一股清流，正向世人传播着中国的好声音、中国的好文化。节目一经播出，迅速成为收视"爆款"。 《平"语"近人》是央视重磅打造的一档优秀文化类节目，它是用文字、讲解加故事的三位一体的方式打造的一档全新的节目。每期节目以一个主题作为线索，让我们重温和学习经典名句，聆听中国故事，感受中国文化。它带给我们的不仅仅是对优秀传统文化的继承，更多的是立足于中国新时代实际的阐释与创新运用，是一种思想理论的创新。 《平"语"近人》正是用创新的形式，让人民了解中国的优秀传统文化，并且要在此基础上丰富发展，使中华文化焕发新的生命力，助力中华民族伟大复兴中国梦的实现。 结合材料，运用"创新意识与社会进步"的知识，说明《平"语"近人》节目是一次成功的文化创新。	学生通过平板电脑上传答案，教师选择学生的答案进行点评、纠错。
评价 反馈		

教学过程	教学内容	师生活动
评价 反馈	（二）教学反馈 本节课的设计，注重发展学生政治学科核心素养，符合学生实际。采用情境教学、探究式教学，注重在活动中培养学生的创新精神和实践能力。 所选取的教学资源与时俱进、贴近生活，体现时代性、实践性、新颖性。教学过程中思路清晰，结构严谨，教学进展有序、完整，较好地完成了教学任务，目标达成度高。	对于材料分析题，学生自己在课后作为作业，在平板电脑上完成，并发送至教师邮箱。 教师课后在线批阅学生作业。就集中存在的问题，予以点评、分析。对于优秀作业予以公开，引导其他学生学习。

（王为文）

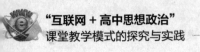
社会历史的主体

【教学目标】

1. 知识目标

识记人民群众的含义，人民群众是历史的创造者；了解党的群众观点和群众路线。

2. 能力目标

通过对社会历史的主体的学习，明确社会历史首先是物质生产发展的历史，形成自觉坚持用群众观点和群众路线看待和处理问题的能力。

3. 情感、态度与价值观目标

坚持群众观点和群众路线，自觉站在广大人民群众的立场上，维护广大人民群众的根本利益。培养尊重劳动、热爱人民的情感。

4. 核心素养目标

通过了解改革开放40年取得的伟大成就和人民生活水平显著提升等增强学生的政治认同感，使学生坚持群众观点和群众路线；在对究竟谁是历史的创造者等问题的探究中培养学生的科学精神；让学生通过互联网等查找近年来党和政府有哪些措施和做法能体现坚持群众观点和群众路线的原则，提高学生的法治意识和公共参与素养。

【教学重难点】

（1）教学重点：人民群众是历史的创造者。
（2）教学难点：党的群众观点和群众路线。

【教学设想】

（1）课前，学生依据"智慧课堂"系统上的学习任务清单进行自主预习，构建本课知识点思维导图，查找相关事例。
（2）教学过程中，从学生实际出发创设教学情境和问题，引导学生合作探究，解决问题，培养学生积极思考、主动参与的良好习惯。

（3）让学生通过"智慧课堂"的抢答功能获得发言机会，上传展示探究成果，活跃课堂气氛，调动学生的学习兴趣。

【教学方法】

在互联网环境下，利用平板电脑等终端设备，采用视频导入法、活动探究法、合作讨论法、情感升华法等开展教学。

【教学过程】

教学过程	教学内容	师生活动
学习任务	（1）预习课本并构建本课知识点思维导图，上传至"智慧课堂"系统的作业平台。 （2）完成自主预习检测题目并上传，作业平台自动将学生的作答情况进行数据分析，及时反馈学生的学习情况。 （3）学生以学习小组为单位，通过互联网分别负责查找体现人民群众是社会物质财富的创造者、人民群众是精神财富的创造者、人民群众是社会变革的决定力量的具体事例。 （4）学生课前通过互联网等查找党和政府近年来有哪些措施和做法能体现坚持群众观点和群众路线的原则。	课前，教师在网上发布学习任务清单，学生完成后在网上提交。 学生在课前上网完成自主学习检测题目等，通过互联网等调查收集相关事例资料，阅读教材完成学习任务。
新课导入	多媒体展示梁启超、拿破仑、鲁迅的图片及材料。 课堂探究： （1）没有身后的众多士兵和民众，拿破仑能够成就举世瞩目的业绩吗？ （2）究竟谁是历史的创造者？ 得出结论： **人民群众是历史的创造者** **1. 人民群众的含义（分3个层次理解）** （1）人民群众是指一切对社会历史起推动作用的人，既包括普通个人，也包括杰出人物。 （2）人民群众是一个历史范畴，在不同的国家、不同的历史时期，人民群众具有不同的内涵，但不论怎样变化，劳动群众都是人民群众的主体部分。	以问题为导向，学生观看图片和材料后，以学习小组合作讨论，或者通过微信群交流功能自由探讨、交流，并通过"智慧课堂"的抢答功能获得发言机会，上传展示探究成果，分层次掌握人民群众的含义及地位。

续 表

教学过程		教学内容	师生活动
新课导入		（3）我国现阶段人民群众的范围。在我国现阶段，全体社会主义劳动者、社会主义事业的建设者、拥护社会主义的爱国者和拥护祖国统一的爱国者都属于人民群众的范围。 **2. 人民群众的地位（分2个层次理解）** （1）社会历史是由人的实践活动构成的，每个人都在一定程度上参与了历史的创造，但人们在历史发展中所起作用的性质和大小是不同的。 （2）唯物史观从社会存在决定社会意识、生产方式决定社会发展的基本观点出发，强调社会历史首先是物质生产发展的历史，是人民群众创造的历史。	
自主探究	探究活动1	情境材料： 2018年是改革开放40周年。改革开放使人民生活有了显著提升。40年前，人们生活在单色调的环境中，中山装、平头、公社是那个社会的代名词，孩子们喜闻乐见的玩具充其量是毽子和沙包，一两毛钱就能买一根好吃的冰棍，电视成了乡村人眼里的香饽饽……而40年后，人们不但要吃饱，还要吃好，粗粮细作、合理搭配、营养均衡、科学卫生的观念已深入人心。随着2020年全面小康社会进程的推进，农村的公路不再是又窄又坑坑洼洼的土路，水泥路、柏油路通往各个乡镇、各个村。40年间，我国科技发展硕果累累：神舟系列飞船的成功返航、"蛟龙"下海、"墨子"升空、"复兴"起航、"天宫"合体，中国新"四大发明"也火热出炉（高铁、网购、支付宝和共享单车）。 合作探究： （1）谁是社会物质生产的主体？ （2）人民群众的生产活动对社会的存在和发展起着什么作用？ 得出结论： **人民群众的作用** （1）人民群众是社会物质财富的创造者 此知识点首先分析了劳动群众的物质生产的重要性，其次分析了从事物质资料生产、推动物质生产发展的人民群众的重要性。这两层充分论证了人民群众是社会物质财富的创造者。	以问题为导向，学生观看视频和图片，以学习小组合作讨论，或者通过微信群交流功能自由探讨、交流，并通过平板电脑上传功能展示答案。 学生通过"智慧课堂"的抢答功能，展示自己找到的体现人民群众是社会物质财富的创造者的具体事例。

教学过程		教学内容	师生活动
自主探究	探究活动2	材料一：屈原的《离骚》《九歌》直接取材于远古时代人民群众创造的神话和传说。《水浒传》《三国演义》《西厢记》《浮士德》等世界名著都是在民间口头文学和民间传说的基础上修琢提炼而成的。 材料二：鲁迅说："陶渊明如果没有劳动人民供他吃穿住用，那他就不但没有酒喝，而且也没有饭吃，只能饿死在东篱旁边，哪里还能吟出什么'采菊东篱下，悠然见南山'的诗呢？" 材料三：珠海斗门沙田民歌是斗门水上人在捕鱼、织网、农闲时即兴而编、抒发感情、表达心声的表现方式，集中展示了斗门水乡的自然景观、社会风貌和斗门人的精神世界。另外，乾务飘色、莲洲舞火龙、三灶鹤舞等都是广大人民群众的伟大创造。 合作探究：以上三段材料分别反映了本节课的什么哲学道理？（学生分三个层次探究理解） 得出结论： **人民群众的作用** 人民群众是精神财富的创造者： （1）人民群众的生活和实践是一切精神财富形成和发展的源泉。 （2）人民群众的实践为精神财富的创造提供了必要的物质条件。 （3）人民群众还直接创造了丰硕的社会精神财富。	以问题为导向，学生观看材料和图片，以学习小组合作讨论，或者通过微信群交流功能自由探讨、交流，并通过平板电脑上传功能展示答案，总结出人民群众是精神财富的创造者。 学生通过"智慧课堂"的抢答功能，展示自己找到的体现人民群众是精神财富的创造者的具体事例。
	探究活动3	材料一：辽沈、淮海、平津三大战役都是伟大的人民战争，没有人民群众的支持，就没有三大战役的胜利。 材料二：1978年安徽省凤阳县小岗村18位农民冒着坐牢的危险，眼含热泪在包产合同书上按下18个鲜红的手印，历史从此书写了新的一页：以家庭联产！承包责任制为开端的中国农村经济体制改革，就在这里起步了。 材料三：改革开放以来，中国亿万农民完成了五大创造：乡镇企业、村民自治、农民工进城、农业合作社、集体林权制度改革。	学生以学习小组为单位，围绕材料合作讨论，或者通过微信群交流功能自由探讨、交流，从三个方面总结出人民群众是社会变革的决定力量。

教学过程		教学内容	师生活动
探究活动3		合作探究： 以上三段材料说明人民群众在推进社会变革中起着什么作用？（从三个方面进行师生互动） 得出结论： **人民群众的作用** 人民群众是社会变革的决定力量： （1）人民群众在任何时期都是社会变革的主力军。（人民群众在社会变革中的作用） （2）在阶级社会中，生产关系的变革、社会制度的更迭都是通过人民群众的革命实现的。（此作用是在阶级社会中的表现） （3）人民群众通过推动生产力的发展而不断创造和改变社会关系，从而不断推动社会历史的进步和发展。（实现方式）	
自主探究	探究活动4	情境材料： 共产党员、四川渠县扶贫和移民工作局局长张渠伟1600多个日日夜夜，一心扑在脱贫攻坚第一线，没有周末和节假日；长年超负荷工作使他患上了耳石症、青光眼，重度眩晕，几致失明；大山之中道路难行，他数次与死神擦肩而过……在脱贫攻坚这场没有硝烟的战场上，他4年如一日，始终践行着"扶贫路上绝不落下一户一人"的铮铮誓言，总结出"九比九看""铁军扶贫""扶贫车间""'六个一'社会扶贫"等扶贫模式，推动全县57个贫困村摘帽，12.3万人脱贫，易地扶贫搬迁35295人，全县贫困发生率从12.1%降至1.72%。 坚守对工作的激情、对群众的热情，2018年10月，张渠伟荣获"全国脱贫攻坚贡献奖"，并成功当选"感动中国2018年度人物"。张渠伟说："以前的群众烦干部上门，现在的群众都想干部、盼干部上门，这样的改变源于真情帮扶，干部做了群众的贴心人。" 合作探究： 结合材料，谈谈我们应该如何处理自己与群众的关系。	以问题为导向，学生观看材料和图片，以学习小组合作讨论，或者通过微信群交流功能自由探讨、交流，并通过平板电脑上传功能展示答案。

教学过程		教学内容	师生活动
自主探究	探究活动4	得出结论： **群众观点和群众路线** **1. 党的群众观点基本内容** 相信人民群众自己解放自己，全心全意为人民服务，一切向人民群众负责，虚心向人民群众学习。 **2. 党的群众路线** （1）党的群众路线的地位：群众路线是无产阶级政党的根本的领导方法和工作方法。 （2）党的群众路线的基本内容：一切为了群众，一切依靠群众，从群众中来，到群众中去。 （3）坚持党的群众路线：4个"就要"。 **3. 坚持群众观点和群众路线的意义（2个重要保证）** 资源分享：学生课前通过互联网等查找党和政府近年来有哪些措施和做法能体现坚持群众观点和群众路线的原则，课堂上把查找到的事例通过"智慧课堂"与其他同学分享。	学生通过"智慧课堂"的抢答功能获得发言机会，分享党和政府有哪些措施和做法能体现坚持群众观点和群众路线的原则。
自我升华		播放歌曲视频《新的天地》，升华情感，让学生自觉树立群众观点和坚持群众路线。 （附部分歌词：你是这样风雨兼程，你和百姓同心同行，就像树木扎根大地，就像种子和泥土相依。风里雨里航程壮丽，千里万里阳光在心里。）	学生聆听歌曲，在动听的歌声中，自觉树立群众观点和坚持群众路线。
评价反馈		**（一）教学评价** （1）实现中国梦必须凝聚中国力量，以全国各族人民的大团结汇集起不可战胜的磅礴力量。要凝聚人民的力量，从历史唯物主义的角度看，就必须（C）。 A. 一切从实际出发，实事求是 B. 用对立统一的观点看问题 C. 坚持群众观点和群众路线 D. 坚持认识是实践的目的和归宿 （2）建设美丽中国，顺应人民群众追求美好生活的期待，也是中华民族持续发展的客观要求。"美丽中国"的发展离不开人民群众的参与。这是因为（D）。 ① 人民群众是社会实践的主体 ② 人民群众是社会财富的创造者 ③ 人民群众的认识就是真理 ④ 人民群众是社会变革的决定力量 A.①②③ B.①③④ C.②③④ D.①②④	1. 学生在平板电脑上传自己的答案。 参考答案： （1）C （2）D 2. 教师根据学生上传的答案，即时了解学生答案的准确率，讲评绝大多数的错题。还可发送类似的题继续训练，直至这个知识点过关为止。

续 表

教学过程	教学内容	师生活动
评价 反馈	（3）请未能在课堂上展示体现党和政府坚持群众观点和群众路线的措施和做法的同学课后把查找到的事例通过"智慧课堂"系统的作业平台上传，继续与其他同学分享。 **（二）教学反馈** 本节课主要引导学生明确人民群众是历史的创造者，坚持党的群众观点和群众路线，使学生从情感上贴近人民群众，热爱人民群众。高二学生思维活跃，具备一定的阅读能力、信息收集能力和分析能力，通过互联网等多种方式，他们能够较好地获取相关事例资料，课前有比较充分的准备。 教学过程中，坚持"学生为主体，教师为主导"的教学理念，创设教学情境和问题，以问题为导向，学生观看视频和图片以学习小组合作讨论，或者通过微信群交流功能自由探讨、交流，还有"智慧课堂"抢答功能的运用等都进一步活跃了课堂气氛，有效实现了本节课的教学目标。	学生通过平板电脑自主完成三维训练的题目，作业平台自动将学生的作答情况进行数据分析，及时反馈学生的学习情况。 学生把在互联网上查找到的事例通过"智慧课堂"系统的作业平台上传，与其他同学分享。

（赵洪进、赵慧清）

价值与价值观

【教学目标】

1. 知识目标

识记价值和价值观的基本含义、价值观的导向作用、社会主义核心价值观的基本内涵；理解人的价值是什么，如何评价人的价值；运用所学知识及相关哲学原理，分析物的价值和人的价值的不同，加深对人的价值的理解，讨论分析为什么对一个人的评价要看他的贡献，而不是索取了多少，评价一个人价值的大小，要看他对社会、为人民贡献了多少。

2. 能力目标

通过本框题的学习，使学生初步具有认识和分析事物价值的能力、正确认识和评价人的价值的能力。深刻理解正确的价值观是我们拥有美好生活的指路航标，拥有正确的价值观才能找到人生的真谛，初步具有认识和选择正确价值观的能力。

3. 情感、态度与价值观目标

通过学习，树立起在对社会的责任和贡献中实现人生价值的正确人生价值观，增强全心全意为人民服务的意识，自觉为社会创造价值。

4. 核心素养目标

通过学习，让学生明确人生的真正价值，发挥价值观的导向作用，树立正确的价值观。提高学生理论联系实际的能力，使学生积极参与公共事务，运用哲学观点指导实践，解决问题。

【教学重难点】

（1）教学重点：价值观的导向作用。

（2）教学难点：价值的含义，人的价值与物的价值的区别，人的价值在于创造价值。

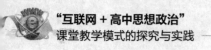
【教学设想】

本节课的教学以高中新课程的基本理念为依据，通过设计一系列的学生活动来完成教学内容的讲授，让学生主动参与到教学活动中来，真正成为教学的主体。整节课的设计都贯穿着情感教育，教师通过提供丰富的材料，创设真实的情境让学生积极主动地参与学习，形成师生互动的教学氛围，从而达到教师的教与学生的学的心灵的碰撞，从而使学生在自主获取知识的同时，正确理解价值与价值观，让学生真正意识到树立正确的世界观、人生观和价值观的重要性。

【教学方法】

在互联网环境下，利用平板电脑等终端设备，采用情境导入法、活动探究法、集体讨论法、情感升华法等开展教学。

【教学过程】

教学过程	教学内容	师生活动
学习任务	（1）学习微课"哲学上的价值与具体价值的关系"。 （2）观看"感动中国2018十大人物"颁奖典礼。 （3）读教材，回答以下问题： ①哲学中的价值的含义是什么？有哪几种类型？ ②人的价值包括哪几个方面？人的价值在哪里？如何评价人的价值？ ③什么是价值观？价值观有什么导向作用？ ④在我国现阶段，应该树立和坚持什么样的正确的价值观？	课前教师在网上发布学习任务清单。 学生上网观看微课，完成教师布置的学习任务后在网上提交。
新课导入	谈话形式导入： 以感动中国16周年谈起，到2018年感动中国人物，最后谈到王继才、王仕花夫妇在孤岛上32年的坚守导入新课。	教师创设情境，设置问题，引导学生进入情境，初步将情境与知识结合。

续 表

教学过程		教学内容	师生活动
自主合作探究	探究活动1	第一章：守岛 开山岛位于江苏省连云港市灌云县燕尾港以东12海里，是一个只有两个足球场大、没水没电、植物都难以存活的孤岛。 1986年，26岁的王继才接受守岛任务，从此与妻子王仕花以海岛为家，与孤独相伴，在孤岛上默默坚守32年，直到守不动为止，把青春年华全部献给了祖国的海防事业。 2018年，王继才和王仕花夫妇被评为感动中国2018年度人物。 交流1：是什么让王继才夫妇坚守在开山岛上的？ 交流2：结合王继才、王仕花夫妇的事迹，你认为人的价值是什么？ 展示：知识归纳 价值： **1. 价值的含义** 一事物对主体的积极意义，即一事物所具有的能够满足需要的属性和功能。 **2. 价值的类型** 　　　　　满足（物对人的积极意义） （1）物的价值：事物的属性————→人的需要 　　　　　满足（贡献）（人对人的积极意义） （2）人的价值：人的属性⇄人的需要（他人、社会） 　　　　人本身有需要　满足（索取） **3. 人的价值** （1）含义。 　　　　　　｛个人对社会的责任和贡献 　　　　　　　（贡献，人的社会价值） 人的价值｛　　　　　　　　　　　　　　统一 　　　　　　　社会对个人的尊重和满足 　　　　　　｛（索取，人的自我价值） 人既是价值的创造者，又是价值的享受者。 （2）人的价值就在于创造价值，在于对社会的责任和贡献，即通过自己的活动满足社会、他人和自己的需要。	教师利用平板电脑发布探究活动1。 学生阅读材料及问题，自主思考。 教师组织学生分组讨论交流及回答。 学生分组讨论交流，形成答案并回答。通过拍照的方式上传同屏给全班同学分享。同屏分享后学生自由起身回答。 根据学生的回答，师生一起适时进行知识归纳梳理。

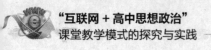

续 表

教学过程		教学内容	师生活动
自主合作探究	探究活动1	（3）对人的价值的评价：主要看他的贡献，最根本的是对社会发展和人类进步事业的贡献。 评价一个人价值的大小，就是看他为社会、人民贡献了什么。 原理： 人的价值原理：人的价值是个人对社会的责任和贡献（贡献，人的社会价值）和社会对个人的尊重和满足（索取，人的自我价值）的统一。人既是价值的创造者，也是价值的享受者。 人的价值就在于创造价值，在于对社会的责任和贡献，即通过自己的活动满足社会、他人和自己的需要。对人的价值的评价主要看他的贡献（物质方面和精神方面），最根本的是对社会发展和人类进步事业的贡献。评价一个人价值的大小，就是看他为社会、人民贡献了什么。 方法论：要求我们把社会价值和自我价值统一起来，在对社会的贡献中实现自身的价值。 教师点拨： （1）价值是一种关系，即事物对人的积极意义。 物的属性和人的需要是构成价值的不可缺少的两个方面。 （2）营养价值、生存价值、医疗价值、文学价值…… 具体表现 哲学中的价值 ⟶ 具体领域的价值 共性　　　　概括和总结　　　　个性	教师利用平板电脑展示知识归纳。 学生做好笔记。 学生根据前面所学内容，自己整理归纳原理和方法论。根据教师的展示，对比自己整理归纳的原理和方法论。 学生根据教师点拨进一步理解疑难点。
	探究活动2	第二章：守国 1999年3月，不法分子孙某盯上了开山岛。 他借口将开山岛"开发成旅游景点"，谋划在岛上开办色情场所。王继才发现后立即向上级报告。 孙某怕王继才把事情搅黄，威胁他，拿钱诱惑他，甚至带人暴打他。 但王继才始终不让寸步。后来，当地有关部门赶到岛上展开调查，最终将以孙某为首的一批犯罪分子绳之以法。 在王继才眼里，祖宗基业，寸土不能丢！在王继才心里，守岛是"终身的使命""守岛就是守国"。	教师利用平板电脑发布探究活动2。 学生阅读材料及问题，自主思考。 教师组织学生分组讨论交流及回答。

续 表

教学过程		教学内容	师生活动
自主合作探究	探究活动2	思考1：面对开山岛，王继才和孙某的选择差距为什么如此之大？这体现了什么哲学道理？ 思考2：王继才和孙某两人为什么走向了完全不同的人生？这体现了什么哲学道理？ 展示：知识归纳 **价值观：** **1.含义** 人们在认识各种具体事物的价值的基础上，形成对事物价值的总的看法和根本观点。 **2.价值观的导向作用** （1）价值观对人们认识和改造世界的活动具有重要的导向作用：①价值观影响人们对事物的认识和评价；②价值观影响人们改造世界的活动。 （2）价值观是人生的重要向导。 **3.社会主义核心价值观** （1）社会主义核心价值观的基本内容：为培育和践行社会主义核心价值观提供了基本遵循。 国家层面的价值目标：富强、民主、文明、和谐。 社会层面的价值取向：自由、平等、公正、法治。 公民个人层面的价值准则：爱国、敬业、诚信、友善。 （2）社会主义核心价值观是社会主义核心价值体系的高度凝练和集中表达，是社会主义核心价值体系的内核。 （3）社会主义核心价值体系的基本内容。 价值观导向作用原理： 原理内容：价值观是人们在认识各种具体事物的价值的基础上，形成的对事物价值的总的看法和根本观点。价值观对人们认识世界和改造世界有重要的导向作用，是人生的重要向导。 方法论：我们要树立和坚持正确的价值观，发挥正确价值观的导向作用。 思维点拨： （1）价值、人生价值、价值观的区别与联系。	学生分组讨论交流，形成答案并回答。通过拍照的方式上传同屏给全班同学分享。同屏分享后学生自由起身回答。 根据学生的回答，师生一起适时进行知识归纳梳理。 教师利用平板电脑展示知识归纳。 学生做好笔记。 学生根据前面所学内容，自己整理归纳原理和方法论。根据教师的展示，对比自己整理归纳的原理和方法论。

		价值	人生价值	价值观
区别	含义不同			
	涵盖范围不同			
联系：				

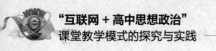
续表

教学过程		教学内容	师生活动
自主合作探究	探究活动2	（2）价值观是一种社会意识，对社会存在具有重大的反作用，对人们的行为具有重要的驱动、制约和导向作用。 （3）社会主义集体主义价值观统领社会主义核心价值体系（观），而社会主义核心价值体系（观），正是社会主义集体主义价值观的进一步展开与完善。建设社会主义核心价值体系（培育和践行社会主义核心价值观）就是为了更好地坚持社会主义集体主义的价值观。	学生根据教师点拨进一步理解疑难点。
自我升华		**（一）自主构建知识体系** 价值与价值观 　价值 　　含义 　　类型{ 个人对社会的责任和贡献（贡献，人的社会价值） 　　人的价值{ 社会对个人的尊重和满足（索取，人的自我价值）}统一 　价值观 　　含义{ 对人们认识和改造世界的活动具有重要的导向作用 　　　　　是人生的重要向导 　　导向作用 　　　培育和践行社会主义核心价值观 **（二）习近平总书记对王继才同志先进事迹做出重要指示** 王继才同志守岛卫国32年，用无怨无悔的坚守和付出，在平凡的岗位上书写了不平凡的人生华章。我们要大力倡导这种爱国奉献精神，使之成为新时代奋斗者的价值追求。 三省吾身：在社会主义核心价值观的指导下，如何做一名新时代的中学生。	学生自己构建知识体系，并与教师和其他同学的比较后进行修改完善。学生在平板电脑上分享各自的知识建构，教师点拨、分享。 教师利用平板电脑发布材料及交流的问题，组织学生分组讨论。 学生阅读材料，形成答案并回答。通过拍照的方式上传同屏给全班同学分享。

续 表

教学过程	教学内容	师生活动
评价 反馈	（一）教学评价 （1）云南红河州哈尼梯田养鱼是利用梯田能保水、水质比较好的条件，开展的一个种养生产方式。鱼在田里活动，鱼的排泄可以对田起到松土和肥田的作用；鱼觅食，吃掉田里的杂草和害虫，可以减少水稻病虫害的发生，达到稻鱼双丰收的效果。这说明（A）。 ① 梯田的属性是其具备养鱼功能的前提 ② 梯田的价值随着科学的发展不断提升 ③ 思想观念创新实现了梯田价值的增值 ④ 梯田的价值随着其关系的改变而改变 A.①④　　B.②④　　C.①③　　D.②③ （2）《我在故宫修文物》讲述了故宫文物修复师们的"日常"：一座宫廷钟表上千个零件要严丝合缝，一件碎成100多片的青铜器要拼接完整，一幅画临摹耗时几年到几十年……他们用自己的一辈子来诠释"因为热爱所以坚持""择一事，终一生"的牢固信仰。这表明（C）。 ① 价值观影响人们的行为选择 ② 价值观对人的成长有促进作用 ③ 实现人生价值需要坚定的理想信念 ④ 人生价值的实现取决于人们的价值选择 A.①②　　B.③④　　C.①③　　D.②④ （3）穿衣服扣扣子，如果第一粒扣子扣错了，剩余的扣子都会扣错。人生的扣子，从一开始就要扣好，坚持正确的价值判断和选择。这是因为（D）。 ① 价值观作为对事物价值的总的看法，决定具体事物的性质和价值 ② 价值观作为一种理想追求，决定着整个国家和民族的前途和命运 ③ 价值观作为一种社会意识，对社会存在具有巨大的反作用 ④ 价值观作为个人行为准则，对人们的行为具有驱动、制约作用 A.①②　　B.①④　　C.②③　　D.③④	1. 学生通过平板电脑上传自己的答案。 参考答案： （1）A （2）C （3）D （4）D （5）①价值观对人们认识世界和改造世界具有导向作用，是人生的重要向导。要想生活更幸福应该坚持正确的价值观。②要使生活更幸福，就要站在最广大人民的立场上进行价值判断和价值选择，实现和维护最广大人民的根本利益。③要想生活更幸福就要在劳动和奉献中创造价值，在个人与社会的统一中实现价值，要在砥砺自我中走向成功。 2. 教师根据学生上传的答案，即时了解学生答案的准确率，讲评绝大多数的错题。还可发送类似的题继续训练，直至这个知识点过关为止。

续 表

教学过程	教学内容	师生活动
评价反馈	（4）地处河北省最北端的塞罕坝林场生态基础脆弱，自然条件恶劣。55年来，三代塞罕坝人牢记使命、艰苦奋斗、传承接力，将荒原沙地变成了百万亩人工林海。三代塞罕坝人的事迹（D）。 ①体现了物的价值的实现要以艰苦奋斗为必要条件 ②诠释了人的价值就在于通过社会实践创造出价值 ③说明了投身社会实践是实现人生价值的客观条件 ④体现了正确的价值观对处理个人与社会的关系的导向作用 A.①③　　B.①④　　C.②③　　D.②④ （5）幸福是人在创造生活条件的社会实践中，由于感受和理解到个人、集体乃至人类的目标、理想和正义事业的实现而得到人格上的满足。马克思说过："那些为共同目标劳动因而使自己变得更加高尚的人，历史承认他们是伟人；那些为最大多数人们带来幸福的人，经验赞扬他们为最幸福的人。"雷锋说得好："我们每个人也依赖于祖国的繁荣，如果损害了祖国的利益，我们每个人就得不到幸福。"古今中外一切为大多数人们带来幸福的人，他们是最幸福的人。 结合材料，从价值观角度说明如何更幸福。 **（二）教学反馈** 本节课的学习最重要的是要实现核心素养目标，即通过学习，让学生明确人生的真正价值，树立正确的价值观。所以材料在选择上做到了紧扣热点与贴近学生，从而充分调动了学生的兴趣，提高了学生参与学习的积极性，从而使学生在学习中感悟，在学习中成长。	

（刘玲玲）

价值判断与价值选择

【教学目标】

1. 知识目标

识记价值判断与价值选择的基本含义，理解正确价值判断与价值选择的特征以及做出正确价值判断与价值选择的标准。

2. 能力目标

联系实际，分析人们的价值选择是在价值判断的基础上做出的。通过对社会热点分析，得出人民群众的利益是最高的价值标准。

3. 情感、态度与价值观目标

在国家政策中寻找价值判断与选择的标准，从而认同和践行生态文明。在生活中铭记标准，在面对价值冲突的时候学会选择，把人民群众的利益作为最高的价值标准。

4. 核心素养目标

学科核心素养是个体在解决复杂真实情境的问题的过程中表现出来的关键能力和必备品质，是适应个人终身发展和当今社会未来发展需要的品质。本课的学习围绕"价值判断与价值选择"这一极具现实意义和参与性的主题，通过合作探究的具体情境，将教材知识与课堂实践相结合，将教师引领与生生对话相结合，将"政治认同"与青年责任相结合，引导学生在任务情境的持续互动中形成科学精神，将"政治认同、科学精神"的核心素养落到实处，培养学生树立与时代同心同德的理想信念，以实际行动守护绿水青山和建设美丽中国，提高学生的公民素养和政治实践能力。

【教学重难点】

（1）教学重点：价值判断和价值选择的特点和标准。

（2）教学难点：做出正确的价值判断和价值选择需要遵循社会发展的客观规律，站在最广大人民的立场上。

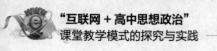

【教学设想】

本节课的教学以高中新课程的基本理念为依据，通过设计一系列的学生活动来完成教学内容的讲授，让学生主动参与到教学活动中来，真正成为教学的主体。开展合作和探究学习，从而使学生获取和感受知识，进一步提高学生分析和解决问题的能力。通过创设情境和问题设置，调动学生充分交流和思考，通过对材料理性的分析，理解和认同我国生态文明建设，树立正确的世界观、人生观和价值观，在生活中做出正确的价值判断和选择。

【教学方法】

在互联网环境下，利用平板电脑等终端设备，采用合作学习法、议题探究法、启发式教学开展教学活动。

【教学过程】

教学过程	教学内容	师生活动
学习任务	1. 教学素材的提前学习：习近平擘画"绿水青山就是金山银山"：画定生态红线。推动绿色发展。 2. 布置学习任务。 （1）基本概念 ① 哲学意义上的价值。 ② 价值观。 ③ 价值判断。 ④ 事实判断。 ⑤ 价值选择。 （2）正确价值判断与价值选择的标准 ① 标准一。 ② 标准二。 （3）价值判断和价值选择的特征 ① 特征一。 ② 特征二。	（1）课前教师通过微课发布学习任务清单，学生观看微课（教学素材）和视频。 （2）学生课前观看视频和学习微课，阅读教材完成学习任务。谈在生态文明建设守护绿水青山中，青少年学生可以做什么。请每个学生写出两至三条（具体化的做法），在课堂中和小组同学交流。
新课导入	通过观看"习近平总书记关于'绿水青山'的语录"，导出上课的教学资源。同时，利用比较法分析和串联基本概念：价值、价值观、事实判断、价值判断和价值选择。	引导学生用比较分析法理解基本概念，使学生对基本概念有感性的认识，为理性判断和评价打下坚实的基础。

续表

教学过程		教学内容	师生活动
新课导入		（一）串联概念 价值—价值观—价值判断—价值选择。 （二）区别概念 事实判断和价值判断。 （三）联系概念 价值判断是价值选择的基础，价值选择是价值判断的体现。	
自主学习检验		练习：价值是人们生活中经常使用的概念。下列属于哲学的价值判断有（C）。 ① 田野上的花儿开了 ② 这些花儿很漂亮 ③ 山上的果树挂满了果实 ④ 这些水果真香甜 A.①②　　B.②③　　C.①④　　D.②④	通过自主学习，把握基本知识点。
自主探究	探究活动1	学生带着问题看视频，师生共同探讨和概括做出正确的价值判断和价值选择的标准是什么？	学生带着问题看视频，小组讨论视频材料中的价值判断和价值选择是什么，做出正确的价值判断和价值选择的标准是什么。
	探究活动2	视频内容的拓展资料和分析。习近平主席对"两山"关系论述的三个阶段以及习近平主席经典语录。学生结合理论和实践，谈谈在生态文明建设守护绿水青山中青少年的担当。 另外，结合学生的回答，遵循社会发展的客观规律和站在最广大人民的立场上去做出正确的价值判断和价值选择。	小组讨论及交流：谈谈在生态文明建设守护绿水青山中青少年的担当。
	探究活动3	结合教学素材，分析习近平总书记提出"绿水青山就是金山银山"论断的三个历史阶段体现了价值判断和价值选择的什么特征。	概括价值判断和价值选择的特征。

续 表

教学过程	教学内容	师生活动
自我升华	只有我们每一个人都与国家同呼吸、共命运，我们才能做出正确的价值判断和价值选择。	观看视频并感受。当每一个公民都能从自身力所能及的事情向前一小步，为生态文明和"美丽中国"努力贡献自己的力量时，生态社会的建设就会向前迈进一大步。
评价反馈	（一）教学评价 （1）开凿引泾渠道，耗费了秦国大量人力物力。在当时的韩国人看来，修建郑国渠是"疲秦之计"，当关中平原因郑国渠而成为秦国大军的粮仓之时，韩国群臣不得不吞下这一"强秦之策"的苦果。而今天，在因之而受益的关中百姓眼里，郑国渠福泽千年，入选世界灌溉工程遗产目录实至名归。这表明（D）。 ① 事物的价值和属性因人、因时而异 ② 价值判断具有社会历史性特征 ③ 对事物价值的评判并无确定的标准 ④ 事物的价值受主体立场的深刻影响 A.①② B.①③ C.③④ D.②④ （2）大型政论专题片《将改革进行到底》系统阐释了全面深化改革"为什么改""往哪里改""为谁改""怎么改""如何改到位"等重大理论问题，既体现了较强的思想性和理论深度，又讲述了人民群众身边生动的改革故事。对改革的深入剖析有利于消除无谓的争论，从而凝聚共识，共谋发展。面对改革，人们会有争论是因为（A）。 ① 认识客体具有复杂性，其本质的暴露和展现需要一个过程 ② 价值选择是建立在价值判断的基础之上，价值选择会受到价值判断的影响 ③ 人对事物的认识具有主体差异性，没有可衡量的客观标准 ④ 实践是认识的基础，真理因主体的实践经历不同而不同 A.①② B.②③ C.①④ D.③④	1. 学生通过平板电脑上传自己的答案。参考答案： （1）D （2）A （3）A 2. 教师根据学生上传的答案，即时了解学生答案的准确率，讲评绝大多数的错题。还可发送类似的题继续训练，直至这个知识点过关为止。 学生通过平板电脑上传答案，教师选择学生的答案进行点评、纠错。

续 表

教学过程	教学内容	师生活动
评价 反馈	（3）北京"85"后小伙闫帅，选择了一份大多数同龄人都不会选择的工作，以一己之力独自撑起一家养老院，照顾114位老人，并发誓办一个人人都住得起的养老院。这告诉我们，做出正确的价值选择必须（A）。 ① 自觉遵循社会发展的客观规律 ② 自觉站在最广大人民的立场上 ③ 把社会的承认作为最高价值标准 ④ 在实现自我满足的同时回报社会 A.①②　　B.③④　　C.①③　　D.②④ **（二）教学反馈** 这节课以生态建设为背景，以价值判断和价值选择为立足点，践行"当每一个公民都从自己力所能及的事情向前迈进一小步，为生态文明和美丽中国努力贡献自己的力量时，生态社会的建设就会向前迈进一大步"的价值观引领，效果很好。	学生很喜欢从课堂上了解国家顶层设计关于生态文明建设，更加深化了价值判断——"绿水青山教师金山银山"，以及价值选择——"生态文明建设"。

（雷秋梅）

后 记

　　"'互联网+高中思想政治'课堂教学模式的探究与实践"是广东省教育技术中心2018年专项课题（课题立项号18JX07099），课题组由广东省名教师林峰工作室主持人及成员组成，从前期的探索到课题立项研究历时三年多的时间。

　　早在2016年4月，珠海市林峰教师工作室就已开始进行"互联网+高中思想政治"课堂教学模式的探索，主持人林峰老师提出把信息技术与高中思想政治课融合，有了初步的教学理念和教学模式。在林峰老师的指导下，工作室成员刘桂芳老师大胆进行教学实践，激发学生学习的积极性和主动性。2018年珠海市林峰教师工作室升格为省级工作室，主持人林峰老师带领工作室成员展开了"互联网+高中思想政治"课堂教学模式的探索，并在工作室成员所在的学校开展课堂实验，获得了各界的好评，工作室成员的教学课例、教学设计、课堂实录等获得多个部优、省优和市优奖项。

　　本书的序言和《"互联网+高中思想政治"课堂教学模式基本理论和基本方法》由林峰老师撰写，其他部分由工作室成员严格按照高中思想政治课课程标准，参照高中思想政治课现行教材，结合"互联网+"的特点撰写并由林峰老师修改完善。

　　本书的出版并不是"互联网+高中思想政治"课堂教学模式的终点，而是一个加油站。如果本书能对从事高中思想政治教学改革的同仁有所裨益，我们将会感到莫大的慰藉，同时恳请各位同仁和专家不吝赐教。我们也将随着新课程标准、高中教材的修改及教育教学改革的最新研究成果而不断补充和完善，使"互联网+高中思想政治"课堂教学模式走得更好、更远。

编 者